ŒUVRES COMPLÈTES
DE
SIR WALTER SCOTT.
Traduction Nouvelle.

PARIS,
A. SAUTELET ET C° ET CHARLES GOSSELIN
LIBRAIRES-ÉDITEURS.
M DCCC XXVII.

OEUVRES COMPLÈTES

DE

SIR WALTER SCOTT.

TOME SOIXANTE-HUITIÈME.

IMPRIMERIE DE H. FOURNIER,
RUE DE SEINE, N° 14.

WOODSTOCK,

OU LE CAVALIER.

HISTOIRE

DE L'ANNÉE MIL SIX CENT CINQUANTE ET UN

(Woodstock, or the Cavalier. A tale of the year 1651.)

TOME PREMIER.

« Des chevaliers c'était le vrai modèle. »
CHAUCER.

PRÉFACE.

Ce n'est pas mon intention d'apprendre à mes lecteurs comment les manuscrits de ce célèbre antiquaire, le révérend J. A. Rochecliffe, D. D. (1), tombèrent entre mes mains. Ces sortes de choses arrivent de mille manières, et il suffira de dire qu'ils échappèrent à un sort indigne, et que ce fut par des voies honnêtes que j'en devins possesseur. Quant à l'authenticité des anecdotes que j'ai tirées des écrits de ce savant homme, et que j'ai arrangées avec cette facilité sans pareille qui me caractérise, le nom du docteur Rochecliffe sera une garantie suffisante pour tout homme de qui ce nom sera connu.

Toute personne qui a lu connaît parfaitement son histoire; et pour les autres, nous pouvons les envoyer à l'honnête Anthony Wood (2), qui le regardait comme une colonne de l'Église, et qui en fait un éloge magnifique dans l'*Athenæ Oxonienses*, quoique le docteur eût été

(1) D. D. *divinity doctor*, docteur en théologie. — Éd.
(2) Antiquaire d'Oxford. — Éd.

PRÉFACE.

élevé à Cambridge, — le second œil de l'Angleterre (1).

On sait que le docteur Rochecliffe obtint de bonne heure de l'avancement dans l'Église, en récompense de la part active qu'il prit à la controverse contre les puritains ; et que son ouvrage intitulé *Maleus Hæresis* fut regardé comme un coup décisif par tout le monde, excepté par ceux qui en furent atteints. Ce fut cet ouvrage qui le fit nommer, dès l'âge de trente ans, Recteur (2) de Woodstock, et qui plus tard lui assura une place dans le catalogue du célèbre Century White (3); — mais ce qui fut bien pis que d'avoir été compris par ce fanatique dans la liste des prêtres scandaleux et méchans, pourvus de bénéfices par les prélats, ses opinions lui firent perdre son rectorat de Woodstock lorsque les presbytériens eurent le dessus. Pendant la plus grande partie de la guerre civile, il fut aumônier du régiment de sir Henry Lee, levé pour le service du roi Charles, et l'on dit qu'il paya de sa personne dans plus d'une affaire. Ce qui est certain, c'est qu'à plusieurs reprises le docteur Rochecliffe courut de grands dangers, comme on le verra dans plus d'un passage de cette histoire, où il parle de ses exploits, comme César, à la troisième personne. Je soupçonne néanmoins quelque commentateur presbytérien de s'être permis d'interpoler deux ou trois passages; d'autant plus que le manuscrit resta

(1) Allusion à la rivalité des Universités d'Oxford et de Cambridge. — Éd.

(2) Recteur, *curé* bénéficier. — Éd.

(3) Ce White, surnommé *Century White,* était un puritain obscur qui se fit connaître par cette espèce de dénonciation contre *cent* prêtres scandaleux et *malignants.* — Éd.

long-temps entre les mains des Everard, célèbre famille presbytérienne.

Pendant l'usurpation, le docteur Rochecliffe prit constamment part à toutes les tentatives qui furent faites pour le rétablissement de la monarchie; et telles étaient son audace, sa présence d'esprit, et la profondeur de ses vues, qu'il était regardé comme l'un des plus intrépides partisans du roi dans ces temps d'agitation. Il n'y avait qu'un léger inconvénient, c'est que les complots dans lesquels il entrait étaient presque constamment découverts. On alla même jusqu'à soupçonner que Cromwell lui suggérait quelquefois les intrigues qu'il tramait, et que par ce moyen le rusé Protecteur mettait à l'épreuve la fidélité des amis dont il n'était point sûr, et parvenait à découvrir les complots de ses ennemis déclarés, qu'il trouvait plus facile de déconcerter et de prévenir que de punir rigoureusement.

A la restauration, le docteur Rochecliffe reprit possession de son rectorat de Woodstock; il fut promu à de nouvelles dignités dans l'Église, et il abandonna la polémique et les intrigues politiques pour la philosophie. Il fut un des membres constituans de la Société Royale (1), et ce fut par son entremise que Charles demanda à ce corps savant la solution de son curieux problème : — Pourquoi, si un vase est rempli d'eau jusqu'aux bords, et qu'on plonge dedans un gros poisson vivant, l'eau néanmoins ne déborde-t-elle point? — La solution que le docteur Rochecliffe proposa de ce phénomène fut la plus ingénieuse et la plus savante de quatre qui furent présentées; et il est hors de doute

(1) Fondée par Charles II. — Éd.

que le docteur n'eût remporté la victoire sans l'obstination d'un gentilhomme campagnard, homme simple et borné, qui insista pour qu'avant tout l'expérience fût faite publiquement. Il fallut bien se rendre à son avis, et l'événement prouva qu'il y eût eu quelque témérité à admettre le fait exclusivement sur une autorité aussi imposante; car, malgré les précautions infinies avec lesquelles on insinua le poisson dans son élément naturel, il fit voler de l'eau dans toute la salle; et la réputation des quatre membres ingénieux qui s'étaient évertués sur ce problème souffrit beaucoup de cette expérience, ainsi qu'un beau tapis de Turquie.

Le docteur Rochecliffe mourut, à ce qu'il paraîtrait, vers l'an 1685, laissant après lui beaucoup de manuscrits de différentes sortes, et surtout des recueils d'anecdotes secrètes infiniment précieux. C'est de ces recueils qu'ont été extraits les Mémoires suivans, sur lesquels nous ne dirons plus que quelques mots par forme d'éclaircissement.

L'existence du Labyrinthe de Rosemonde, dont il est fait mention dans ces volumes, est attestée par Drayton, qui écrivait sous le règne d'Élisabeth.

— « Les ruines du Labyrinthe de Rosemonde subsistent encore, ainsi que la fontaine qui est pavée au fond en pierre de taille, et la Tour d'où partait le Labyrinthe; c'étaient des arcades voûtées, ayant des murs de pierre et de briques, qui se croisaient dans tous les sens, et au milieu desquels il était fort difficile de se reconnaître, afin que, si la retraite de Rosemonde venait à être découverte par la reine, elle pût échapper aisément au premier péril, et aller prendre l'air au besoin, par des issues secrètes, à une assez grande distance, autour de Woodstock, dans le comté d'Oxford (1). »

Il est plus probable que les passages secrets et les retraites inaccessibles qui se trouvaient dans l'ancien Labyrinthe de Rosemonde, autour duquel plusieurs rois s'étaient occupés successivement à faire établir un parc pour la chasse, servirent à préparer un tour singulier de fantasmagorie qui fut joué aux commissaires du long parlement, envoyés, après la mort de Charles Ier, pour détruire et ravager Woodstock.

Le docteur Plot, dans son Histoire naturelle du comté d'Oxford, a inséré une relation curieuse des tribulations éprouvées par ces honorables commissaires. Mais comme je n'ai pas le livre sous la main, je ne puis faire allusion qu'à l'ouvrage du célèbre Granville sur les Sorcières, dans lequel il cite des passages de cette relation, comme un exemple irrécusable d'interventions surnaturelles. Les lits des commissaires et ceux de leurs domestiques furent hissés en l'air au point d'être presque retournés sens dessus dessous, et de cette hauteur, ils retombèrent si subitement à terre que ceux qui y reposaient manquèrent d'avoir les os brisés. Des bruits horribles et extraordinaires troublèrent ces sacrilèges qui avaient osé s'introduire dans un domaine royal. Une fois le diable leur apporta une bassinoire; une autre fois il les assaillit à coups de pierres et d'os de cheval. Des bassins remplis d'eau furent vidés sur eux pendant qu'ils dormaient; enfin les tours du même genre se multiplièrent au point qu'ils se décidèrent à partir

---

(1) Épîtres héroïques de Drayton, note A, sur l'épître : Rosemonde au roi Henry. — Éd.

avant d'avoir consommé la spoliation méditée. Le bon sens du docteur Plot soupçonna que toutes ces prouesses n'étaient que le résultat de quelque complot secret, ce que Granville ne manque pas de chercher à réfuter de tout son pouvoir ; car on ne peut raisonnablement espérer que celui qui a trouvé une explication aussi commode que celle d'une intervention surnaturelle, et qui a le bonheur d'y croire, consente à abandonner une clef qui peut servir de passe-partout pour toutes les serrures, quelque compliquées qu'elles soient.

Néanmoins il fut reconnu par la suite que le docteur Plot avait parfaitement raison, et que le seul démon qui opérait toutes ces merveilles était un royaliste déguisé, un nommé Trusty Joe, ou quelque nom semblable, qui avait été précédemment au service du gouverneur du parc, mais qui était passé à celui des commissaires, pour avoir plus de facilité à dresser ses batteries. Je crois avoir vu quelque part un récit exact et véridique de toute l'affaire, ainsi que des moyens que le malin personnage employa pour opérer ses prodiges ; mais était-ce dans un livre, ou bien dans quelque pamphlet ; c'est ce que je ne saurais dire. Je me rappelle seulement une circonstance assez remarquable. Les commissaires étant convenus secrètement de ne pas comprendre dans le compte public qu'ils devaient rendre, quelques articles qui leur convenaient, avaient fait entre eux une sorte de contrat pour établir le partage des objets ainsi soustraits, et ce contrat ils l'avaient caché, pour plus de sûreté, au fond d'un grand vase. Mais voilà qu'un jour, au moment où de révérends ministres s'étaient assemblés avec les habitans les plus respectables des environs de Woodstock pour conjurer le démon supposé, Trusty Joe avait su préparer une pièce d'artifice avec tant d'adresse, qu'elle partit au milieu de l'exorcisme, fit sauter le vase, et, à la confusion des commissaires, lança le contrat secret au milieu de l'assemblée stupéfaite, qui apprit de cette manière leurs projets de concussion.

Mais il est assez inutile que je fasse des efforts de mémoire pour rassembler des souvenirs vagues et imparfaits sur les scènes bizarres qui se passèrent à Woodstock, puisque les manuscrits du docteur Rochecliffe donnent des détails beaucoup plus circonstanciés que ne pourrait en fournir aucune des relations antérieures. J'aurais pu sans peine traiter bien plus à fond cette partie de mon sujet, car les matériaux ne me manquaient pas; — mais, pour tout dire au lecteur, quelques critiques de mes amis ont pensé qu'ils rendaient l'histoire traînante, et je me suis décidé, d'après leurs avis, à être plus concis que je n'en avais l'intention.

Le lecteur impatient m'accuse peut-être dans ce moment de lui cacher le soleil avec une chandelle. Cependant quand le soleil brillerait déjà de tout l'éclat qu'il répandra sans doute, et quand la malencontreuse chandelle jetterait une fumée encore dix fois plus épaisse, il faut qu'il consente à rester une minute de plus dans cette atmosphère, pour que je repousse le soupçon de braconner sur les terres d'autrui. C'est un de nos proverbes en Écosse que les faucons ne doivent point crever les yeux des faucons, ni se jeter sur la proie les uns des autres. Si donc j'avais pu prévoir que pour la date et pour les caractères, cette histoire aurait vraisemblablement du rapport avec celle que vient de publier un contemporain distingué (1), j'aurais, sans balancer, laissé reposer pour l'instant le manuscrit du docteur Rochecliffe. Mais avant que cette circonstance me fût connue, ce petit ouvrage était déjà plus d'à moitié imprimé, et il ne me restait d'autre alternative, pour éviter toute imitation, même involontaire, que de différer la lecture de l'ouvrage en question. Lorsque des productions du même genre ont été faites d'après le même désir d'offrir un tableau historique, et que les mêmes personnages y figurent, il est difficile qu'elles ne présentent pas quelques ressemblances accidentelles. S'il s'en trouve dans cette occasion, c'est moi sans doute qui en souffrirai. Mais je puis du moins protester de la pureté de mes intentions, puisque, si je m'applaudis d'avoir terminé Woodstock, c'est surtout parce qu'il va m'être permis de lire BRAMBLETYE-HOUSE, plaisir que jusqu'à ce moment je m'étais scrupuleusement interdit (2).

(1) M. Horace Smith. — ÉD.

(2) Brambletye-House est en effet une des meilleures imitations anglaises, non pas de *Woodstock*, mais des romans de sir Walter Scott en général. La réputation que cet ouvrage a acquise en France à M. Horace Smith nous engage à donner l'extrait suivant d'un article sur *Brambletye-House* inséré dans un de nos meilleurs journaux littéraires, *le Globe*.

— « Quelques détails sur l'auteur distingué de l'ouvrage dont nous venons de rendre compte ne déplairont peut-être pas aux lecteurs français. Horace Smith et son frère James sont devenus célèbres en Angleterre par un livre qu'ils ont fait en commun : *The rejected addresses*.* C'est l'incendie de Drury-Lane qui leur donna l'idée de cette publication. Lorsque ce théâtre fut rebâti, un

* « Les discours d'ouverture mis au rebut. »

prix fut offert à l'écrivain qui composerait le meilleur discours en vers propre à être prononcé lorsqu'on ouvrirait au public la nouvelle salle. Plusieurs discours furent envoyés ; mais ils étaient tous si misérables, qu'on fut obligé de prier lord Byron d'en écrire un, qui en effet fut prononcé, au grand mécontentement des candidats désappointés ; ce qui fit beaucoup de bruit. Messieurs Smith profitèrent de la circonstance pour composer une suite de discours qu'ils supposèrent avoir été écrits par les plus fameux auteurs, soit prosateurs, soit poètes, de la Grande-Bretagne. Ils publièrent cette collection comme si tous les morceaux qu'elle contenait avaient concouru pour le prix et avaient été rejetés ; de là le titre *The rejected addresses*. Toutes ces parodies sont excellentes, et ont heureusement imité tous les styles des auteurs anglais depuis Byron jusqu'au prosateur Cobbett. La publication de cet ouvrage a placé les deux Smith au premier rang parmi les gens d'esprit. James Smith a soutenu sa réputation dans la société par ses talens pour la conversation. Horace a été l'un des plus habiles rédacteurs du *New monthly magazine*, journal que dirige le célèbre poète Campbell. Ses articles ont été réunis en quatre volumes, dernièrement publiés, sous le titre de *Gaieties and gravities*, mot à mot : *Gaietés et gravités*. Il vient de faire paraître à Londres un nouveau roman intitulé *Tor Hill*,* dont nous entretiendrons nos lecteurs. N'oublions pas de dire que M. Horace Smith a su, avant d'écrire, s'assurer une fortune, et que le volume satiné, *Hot-pressed*, a remplacé dans sa main le cornet de l'agent de change. Et tant mieux ; car partout, et surtout en Angleterre, c'est ce qui fait écrire avec indépendance, c'est ce qui fait qu'on n'écrit pas trop. »

Le Globe, 11 novembre 1826. — Éd.

* *Tor Hill*. Histoire du temps de Henry VIII. Cet ouvrage, ainsi que Brambletye-House, ont été traduits en français par M. Defauconpret. — Éd.

WOODSTOCK,

OU LE CAVALIER.

HISTOIRE

DE L'ANNÉE MIL SIX CENT CINQUANTE ET UN.

(Woodstock, or the Cavalier, etc.)

CHAPITRE PREMIER.

» Les uns voudraient un ministre à rabat ;
» Mais le reste contre eux s'élève,
» Croyant sans doute d'un soldat
» La main plus propre au double glaive
» De l'Écriture et du combat. »
BUTLER. *Hudibras.*

IL y a une belle église paroissiale dans la ville de Woodstock (1),—on me l'a dit du moins, car je ne l'ai jamais vue; à peine, lorsque j'y allai, si j'eus le temps

(1) Woodstock est une petite ville de l'Oxfordshire, située à huit milles environ d'Oxford. Son château royal ou palais fut donné,

de visiter le magnifique château de Blenheim, ses salles décorées par la peinture, et les riches tapisseries de ses appartemens. — J'avais promis d'être de retour pour prendre place à un dîner de corporation avec mon docte ami le prévôt de ; — et c'était une de ces occasions où ce serait se manquer à soi-même que de laisser la curiosité l'emporter sur la ponctualité. Je me fis faire une description exacte de cette église dans le dessein de m'en servir dans cet ouvrage; mais comme j'ai quelque raison pour douter que celui qui me donnait ces renseignemens en ait jamais lui-même vu l'intérieur, je me contenterai de dire que c'est maintenant un bel édifice, dont on a reconstruit la majeure partie il y a quarante à cinquante ans; mais on y voit encore quelques arcades de l'ancienne chantrerie, fondée, dit-on, par le roi Jean, et c'est avec cette partie plus ancienne du bâtiment que mon histoire a quelque rapport.

Un matin de la fin de septembre, ou des premiers jours d'octobre 1652 (1), jour fixé pour rendre au ciel des actions de graces solennelles de la victoire décisive remportée à Worcester (2), un auditoire assez nom-

sous la reine Anne, au duc de Marlborough, et remplacé par le château actuel de Blenheim, en mémoire de la victoire de ce nom, remportée par le duc en 1704. — Éd.

(1) 1652. Le roman porte dans son titre la date de 1651 : c'est sans doute parce que l'auteur remonte par la pensée jusqu'à la bataille de Worcester. — Éd.

(2) Ce fut à cette bataille que Cromwell défit l'armée écossaise et Charles II. C'était de cette journée décisive surtout que le Protecteur de la république d'Angleterre aimait à dater l'époque de sa vraie souveraineté, en l'appelant une de ses *Crowning mercies*, une des *miséricordes* par lesquelles le ciel *couronnait* l'œuvre de son serviteur. La bataille de Worcester eut lieu le 3 septembre 1651,

breux était assemblé dans la vieille chantrerie ou chapelle du roi Jean. L'état de l'église et le caractère des assistans attestaient également les fureurs de la guerre civile et l'esprit du temps. Le saint édifice offrait plus d'une marque de dévastation. Les croisées, autrefois fermées de vitraux peints, avaient été brisées à coups de piques et de mousquets, comme ayant servi et appartenu à l'idolâtrie. La sculpture de la chaire était endommagée, et deux belles balustrades en bois de chêne avaient été détruites pour la même raison concluante. Le maître-autel avait été enlevé, avec les débris de la grille dorée qui l'entourait jadis. On voyait encore épars dans l'église les fragmens des statues mutilées et arrachées à divers monumens ; c'étaient des guerriers ou des saints.

> De leur niche arrachés..... indigne récompense
> De leurs sages conseils, ou leur noble vaillance.

Le vent froid de l'automne sifflait à travers le vide des bas côtés de ce saint lieu, où des restes de pieux, des traverses de bois grossièrement taillées, et une quantité de foin épars et de paille foulée aux pieds, semblaient indiquer que le temple du Seigneur, dans une crise encore récente, avait servi de caserne à un corps de cavalerie.

L'auditoire avait, comme l'édifice, beaucoup perdu

---

jour heureux ordinairement pour Cromwell : la victoire de Dunbar avait été gagnée aussi un 3 septembre. Enfin le lord Protecteur mourut un 3 septembre. — Comme si la fortune, dit lord Byron, eût voulu prouver que le jour où l'homme cesse de vivre est encore au nombre de ses jours heureux. — Éd.

de sa splendeur. Aucun des fidèles d'un temps plus paisible ne se montrait alors comme jadis dans les bancs sculptés, une main sur le front pour se recueillir, et prier dans le lieu où ses pères avaient prié, et suivant les mêmes formes de culte. Les yeux du fermier et du paysan cherchaient en vain la taille athlétique du vieux sir Henry Lee de Ditchley, qui autrefois, couvert d'un manteau brodé, la barbe et les moustaches frisées avec soin, traversait lentement les ailes de l'église, suivi de son chien chéri, dont la fidélité avait autrefois sauvé la vie de son maître, et qui l'accompagnait régulièrement à l'église. Il est vrai que Bevis prouvait la justesse du proverbe qui dit : — C'est un bon chien que celui qui va à l'église ; — car si ce n'est qu'il était accidentellement tenté de joindre sa voix à celle du chœur, il se conduisait avec autant de décorum qu'aucun des membres de la congrégation, et sortait aussi édifié peut-être que quelques-uns d'entre eux. Les jeunes filles de Woodstock cherchaient aussi inutilement les manteaux brodés, les éperons retentissans, les bottes à taillades, et les grands panaches des jeunes cavaliers de cette maison et d'autres familles nobles, qui traversaient naguère les rues et le cimetière avec cet air d'aisance et d'insouciance annonçant peut-être un peu trop de confiance en soi-même, mais non sans grace quand il est accompagné de bonne humeur et de courtoisie. Où étaient elles-mêmes les bonnes vieilles dames avec leurs coiffes blanches et leurs robes de velours noir, et leurs filles,

Astres charmans qui fixaient tous les yeux ;

où étaient-elles maintenant celles qui, lorsqu'elles entraient dans l'église, dérobaient habituéllement au ciel une moitié des pensées des hommes? — Mais, hélas! toi surtout, Alice Lee, toi si douce, si sensible et si aimable par tes prévenances, — ainsi s'exprime un annaliste contemporain dont nous avons déchiffré le manuscrit; — pourquoi suis-je destiné à écrire l'histoire de ta fortune déchue? Pourquoi ne pas remonter plutôt à l'époque où, descendant de ton palefroi, tu étais accueillie comme un ange qui serait arrivé du ciel, tu recevais autant de bénédictions que si tu avais été le messager céleste des plus heureuses nouvelles? — Tu n'étais pas une créature inventée par l'imagination frivole d'un romancier; un être bizarrement décoré de perfections contradictoires; je te chérissais à cause de tes vertus; et quant à tes défauts, je crois qu'ils te rendaient encore plus aimable à mes yeux!

Avec la maison de Lee, d'autres familles de sang noble et honorable, les Freemantles, les Winklecombes, les Drycotts, etc., avaient disparu de la chapelle du roi Jean; car l'air d'Oxford était peu favorable aux progrès du puritanisme, qui s'était plus généralement étendu dans les comtés voisins. Il se trouvait pourtant dans la congrégation une ou deux personnes qui, par leurs vêtemens et leurs manières, semblaient des gentilshommes campagnards de considération. On y voyait aussi quelques-uns des notables de la ville de Woodstock, la plupart couteliers ou gantiers, à qui leur habileté à travailler l'acier et la peau avait procuré une honnête aisance. Ces dignitaires portaient de longs manteaux noirs, à collets plissés; et au lieu de flamberge et de couteau, leur Bible et leur *agenda* étaient suspendus à leur ceinture.

Cette partie respectable, mais la moins nombreuse de l'auditoire, se composait de bons bourgeois qui avaient, pour adopter la profession de foi presbytérienne, renoncé à la liturgie et à la hiérarchie de l'Église anglicane, et qui recevaient les instructions du révérend Nehemiah Holdenough, prédicateur célèbre par la longueur de ses discours et par la force de ses poumons. Près de ces graves personnages étaient assises leurs épouses, femmes de bonne mine, en manchettes et en gorgerette, semblables aux portraits qui sont désignés dans les catalogues de tableaux sous le titre de — *femme d'un bourguemestre;* — et leurs jolies filles qui, comme le médecin de Chaucer (1), ne faisaient pas leur étude exclusive de la Bible, mais qui, au contraire, quand un regard pouvait échapper à la vigilance de leurs honorables mères, laissaient égarer leur attention, et causaient des distractions aux autres.

Avec ces personnes élevées en dignité, il y avait dans l'église une réunion nombreuse d'assistans des classes inférieures, quelques-uns attirés par la curiosité, mais la plupart ouvriers sans éducation, égarés dans le dédale des discussions théologiques du temps, et membres d'autant de sectes différentes qu'il y a de couleurs dans l'arc-en-ciel. L'extrême présomption de ces *savans Thébains* (2) égalait leur extrême ignorance. Leur conduite dans l'église n'était ni respectueuse ni édifiante. La

---

(1) Dans les contes de Canterbury. — Éd.

(2) Expression de Shakspeare employée dans un sens indéterminé ou ironique. Dans un de ses accès de folie, le roi *Lear* prend *Edmond* pour un philosophe de Thèbes, et veut interroger ce *savant Thébain* sur de hautes questions métaphysiques. (*King Lear,* acte III.)
Éd.

plupart d'entre eux affectaient un mépris cynique pour tout ce qui n'est regardé comme sacré que par la sanction des hommes. L'église n'était pour eux qu'une maison surmontée d'un clocher; le ministre, un homme comme les autres; ses instructions, une nourriture grossière, indigne du palais spirituel des saints; et la prière, une invocation au ciel, à laquelle chacun s'unissait ou ne s'unissait pas, suivant que son *sens critique* le trouvait convenable (1).

Les plus âgés, assis ou debout sur leurs bancs avec leurs grands chapeaux à formes pyramidales, enfoncés sur leurs visages renfrognés, attendaient, en silence, le ministre presbytérien comme des mâtins attendent le taureau qui va être attaché au pieu. Les plus jeunes ajoutaient à leur hérésie des manières plus hardies, et se donnaient plus de licence: ils tournaient la tête de tous côtés pour regarder les femmes, bâillaient, toussaient, causaient à demi-voix, mangeaient des pommes et cassaient des noix, comme s'ils eussent été au spectacle dans la galerie (2), avant le lever du rideau.

Il se trouvait aussi dans la congrégation quelques

---

(1) Cette espèce de définition est une réminiscence de quelques vers du poète Crabbe, cités dans le *Voyage en Angleterre et en Écosse* par le docteur A. Pichot:

What is church, etc.

— Qu'est-ce que l'Église? — Notre vicaire s'écrie que c'est un troupeau conduit par l'évêque. — Qu'est-ce que l'Église? — Notre sacristain répond que c'est un vaste édifice avec une tour et des cloches, où le prêtre prêche, et où le sacristain sonne pour convoquer les fidèles, etc., etc. — Éd.

(2) La galerie est aux théâtres anglais ce que le parterre et le *paradis* sont aux nôtres pour la composition des spectateurs. — Éd.

soldats, les uns portant le corselet et le casque d'acier; les autres en justaucorps de buffle, et quelques-uns en uniforme rouge. Ces guerriers avaient la bandoulière sur l'épaule, leur giberne pleine de munitions, et ils étaient appuyés sur leurs piques ou sur leurs mousquets. Ils avaient aussi leurs doctrines particulières sur les points les plus difficiles de la religion, et ils mêlaient les extravagances de l'enthousiasme au courage et à la résolution la plus déterminée dans le combat. Les bourgeois de Woodstock regardaient ces militaires avec une sorte de crainte respectueuse; car, quoique ceux-ci s'abstinssent généralement de tout acte de pillage et de cruauté, ils avaient pouvoir absolu de s'en permettre, et les citoyens paisibles n'avaient d'autre alternative que de se soumettre à tout ce que pouvait suggérer l'imagination mal dirigée et en délire de leurs guides armés.

Après quelque temps d'attente, M. Holdenough commença à traverser les ailes de la chapelle, non de ce pas lent et avec cet air vénérable que prenait autrefois l'ancien Recteur pour maintenir la dignité du surplis, mais d'une marche rapide, en homme qui arrive trop tard à un rendez-vous, et qui se hâte pour réparer le temps perdu. C'était un homme grand, maigre, au teint brûlé, et la vivacité de ses yeux annonçait un caractère tant soit peu irascible. Son habit était brun, et non pas noir; et par-dessus ses autres vêtemens il portait, en l'honneur de Calvin, le manteau de Genève, de couleur bleue, qui flottait sur ses épaules tandis qu'il courait à sa chaire. Ses cheveux gris étaient coupés ras, et ils étaient couverts d'une calotte de soie noire, tellement collée sur sa tête qu'un mauvais plaisant aurait pu comparer ses deux oreilles en l'air à deux anses propres à enlever toute sa personne. Le digne prédicateur portait des lunettes ; sa longue barbe grise se terminait en pointe, et il avait en main une petite Bible de poche garnie de fermoirs d'argent. En arrivant à la chaire, il s'arrêta un instant pour reprendre haleine, et se mit ensuite à gravir les marches deux par deux.

Mais il fut arrêté par une main vigoureuse qui saisit son manteau. C'était celle d'un homme qui s'était détaché du groupe des soldats. Il était de moyenne taille, mais robuste, il avait l'œil vif, et une physionomie qui, quoique commune, avait un expression remarquable. Son costume, sans être régulièrement militaire, annonçait son état de soldat. Il avait de grands pantalons de cuir, portait d'un côté un poignard, et de l'autre une rapière d'une longueur effrayante, ou un estoc, comme on l'appelait alors. Son ceinturon de maroquin était garni de pistolets.

Le ministre, interrompu ainsi à l'instant où il allait commencer ses fonctions, se retourna vers celui qui l'arrêtait, et lui demanda d'un ton qui n'était rien moins que doux le motif de cette interruption.

— L'ami, répondit le soldat, ton devoir est-il de prêcher ces bonnes gens ?

— Sans doute, dit le ministre, c'est mon dessein et mon devoir. Malheur à moi si je ne prêche pas l'Évangile ! Laisse-moi, l'ami, et ne m'arrête pas dans mes travaux.

— Mais j'ai le projet de prêcher moi-même, répliqua l'homme à l'air guerrier : tu feras donc bien de me céder la place, et si tu veux suivre mon avis, reste pour partager avec ces pauvres oisillons les miettes de saine doctrine que je vais leur jeter.

— Retire-toi, homme de Satan, s'écria Holdenough rouge de colère; respecte mon ordre, mon habit.

— Je ne vois rien, répondit le militaire, ni dans la coupe, ni dans l'étoffe de ton habit, qui exige de moi plus de respect que tu n'en as eu toi-même pour le rochet de l'évêque. Ses vêtemens étaient noirs et blancs, les tiens sont bruns et bleus. Vous êtes tous des chiens couchans, paresseux, n'aimant qu'à dormir; des bergers qui font jeûner leur troupeau, mais qui ne le surveillent pas, chacun d'eux ne songeant qu'à son profit.

Les scènes indécentes de ce genre étaient si communes à cette époque que personne ne songea à intervenir dans cette querelle. L'auditoire regardait en silence; la classe supérieure était scandalisée, et dans la classe inférieure, les uns riaient, les autres soutenaient le soldat ou le ministre, suivant leur opinion. Cependant la contestation devint plus vive, et M. Holdenough demanda du secours à grands cris.

— M. le maire de Woodstock, s'écria-t-il, serez-vous du nombre de ces magistrats corrompus en vain armés du glaive? citoyens, ne viendrez-vous pas au secours de votre pasteur? dignes aldermen (1), me verrez-vous étrangler sur les marches de la chaire par cet homme vêtu de buffle, par cet enfant de Bélial? mais j'en triompherai, je briserai les liens dont il me charge.

Tout en parlant ainsi, Holdenough s'efforçait de gravir les marches, en s'aidant de la rampe de l'escalier. Son persécuteur tenait toujours son manteau d'une main ferme, et le tirait avec une telle force que le prédicateur était presque étranglé. Mais en prononçant ces

---

(1) Membres du conseil de la ville. — Éd.

derniers mots d'une voix à demi étouffée, le ministre eut l'adresse de dénouer le cordon qui attachait le manteau autour de son cou, de sorte que, le manteau cédant inopinément, le soldat tomba à la renverse sur les marches, et Holdenough, en liberté, monta dans sa chaire, où il entonna un psaume de triomphe pour célébrer la chute de son antagoniste. Mais le tumulte qui régnait dans l'église vint mêler de l'amertume à la douceur de sa victoire, et quoiqu'il continuât, avec son clerc fidèle, à chanter une hymne d'allégresse, leurs voix ne se faisaient entendre que par intervalles, comme le cri du courlieu pendant un ouragan.

Voici quelle était la cause de ce tumulte : le maire était un zélé presbytérien, et, dès l'origine, il avait vu avec beaucoup d'indignation la conduite du soldat, quoiqu'il hésitât à se déclarer contre un homme armé, tant qu'il le vit ferme sur ses jambes et en état de résister. Mais dès que le champion de l'indépendance fut étendu sur le dos tenant encore en main le manteau génevois du prédicateur, le magistrat s'élança vers la chaire, en s'écriant qu'une telle audace était intolérable, et il ordonna à ses constables de saisir le champion abattu, en ajoutant avec toute la magnanimité du courroux : — Je ferai arrêter jusqu'au dernier de ces Habits-Rouges ; je l'enverrai en prison, fût-il Noll (1) Cromwell lui-même.

L'indignation du digne maire l'avait emporté sur sa raison quand il fit cette rodomontade déplacée ; car trois soldats qui étaient restés jusqu'alors immobiles comme des statues firent sur-le-champ un pas en avant, ce qui les plaça entre les officiers municipaux et leur

---

(1) Noll, abréviation familière d'Olivier. — Éd.

compagnon qui se relevait. Ils exécutèrent simultanément le mouvement de poser les armes, comme on le pratiquait alors, et les crosses de leurs mousquets, en retentissant sur les pierres qui pavaient l'église, tombèrent à peu de lignes des pieds goutteux du magistrat. Le fonctionnaire énergique dont les efforts en faveur de l'ordre se trouvaient ainsi paralysés, jeta un regard sur ceux qui devaient le soutenir, et c'en fut assez pour lui prouver que la force n'était pas de son côté. Tous avaient fait un pas rétrograde en entendant ce bruit de mauvais augure produit par le choc du fer contre la pierre. Il fut donc obligé de s'abaisser à une explication.

— Que voulez-vous, mes maîtres? dit-il; convient-il à des soldats honnêtes et craignant Dieu, qui ont fait pour le pays des exploits tels qu'on n'en avait jamais vu; leur convient-il de causer du scandale et du tumulte dans l'église, et de devenir les fauteurs et souteneurs d'un profane qui, un jour de solennelles actions de graces, voudrait empêcher le ministre de monter dans sa chaire?

— Nous n'avons rien à démêler avec ton église, comme tu l'appelles, répondit un militaire qui, d'après une petite plume dont le devant de son morion était orné, paraissait être le caporal du détachement; nous ne voyons pas pourquoi des hommes que le ciel a doués d'inspiration ne seraient pas entendus dans ces citadelles de superstition aussi bien que les porteurs d'habits noirs d'autrefois, et ceux qui prennent le manteau de Genève aujourd'hui. C'est pourquoi nous arracherons votre Jack Presbyter (1) de sa guérite en bois; notre

(1) Jack Presbyter, votre ministre presbytérien. *Jack* est ici un

camarade le relèvera de garde, y montera en sa place, et n'épargnera pas ses poumons.

— Eh bien! messieurs, dit le maire, si tel est votre dessein, nous ne sommes pas en état de vous résister, gens paisibles que nous sommes, comme vous le voyez. Mais permettez-moi d'abord de parler à ce digne ministre, Nehemiah Holdenough, afin de le déterminer à céder sa place pour aujourd'hui sans plus de scandale.

Le magistrat pacifique interrompit alors les accords chevrotans d'Holdenough et de son clerc, en les priant tous deux de se retirer, pour empêcher, leur dit-il, qu'on n'en vînt aux coups.

— Aux coups ! répéta le prédicateur presbytérien; il n'y a nul danger qu'on en vienne aux coups avec des gens qui n'osent s'élever contre cette profanation ouverte de l'Église, et ces principes d'hérésie audacieusement avoués.

— Allons, allons, M. Holdenough, n'occasionez pas de tumulte et ne criez pas aux bâtons (1). Je vous le dis encore une fois, nous ne sommes pas des hommes de guerre ; nous n'aimons pas à verser de sang.

— Non, répondit le prédicateur avec mépris, pas

terme de mépris, un nom trivial qui, joint au *mot savant* de Presbyter, produit un mélange d'emphase et de familiarité méprisante.
ÉD.

(1) Allusion à une coutume des apprentis de Londres, sous le règne de Jacques et d'Elisabeth. Quand l'un d'eux se prenait de querelle avec des passans, et qu'il n'était pas le plus fort, il criait : — Aux bâtons ! — et tous ses camarades sortaient de leurs boutiques, armés de gourdins, pour aller à son secours. (Voir *les Aventures de Nigel*, tom. Ier, ch. 1er.) — ÉD.

plus qu'on ne pourrait en tirer avec la pointe d'une aiguille. O tailleurs (1) de Woodstock ; — car qu'est-ce qu'un gantier, sinon un tailleur qui travaille en peau ?— je vous abandonne par mépris pour la lâcheté de vos cœurs et la faiblesse de vos bras; je chercherai ailleurs un troupeau qui ne fuira pas loin de son pasteur en entendant braire le premier âne sauvage sortant du grand désert.

A ces mots, le prédicateur mécontent descendit de sa chaire ; et, secouant la poussière de ses souliers, il sortit de l'église avec autant de précipitation qu'il y était entré, quoique pour une différente raison. Les citoyens virent sa retraite avec chagrin, et non sans un sentiment de componction qui semblait leur faire reconnaître qu'ils n'avaient pas joué le rôle le plus courageux du monde. Le maire et plusieurs autres quittèrent l'église pour suivre le ministre et tâcher de l'apaiser.

L'orateur indépendant, naguère étendu par terre, et maintenant triomphant, s'installa dans la chaire sans plus de cérémonie; tirant une bible de sa poche, il prit son texte dans le quarante-cinquième psaume.

— O Tout-Puissant, ceins ton glaive sur ta cuisse avec ta gloire et ta majesté, et prospère dans ta puissance.— Sur ce sujet, il commença une de ces déclamations exagérées, si communes à cette époque où l'on était accoutumé à dénaturer et à torturer le sens de l'Écriture pour l'adapter aux événemens ré-

---

(1) Le nom de tailleur a été long-temps un terme d'opprobre en Angleterre. C'est ici une allusion toute directe pour les gantiers et fabricans de Woodstock. Woodstock est encore une ville renommée pour ses gants et ses manufactures d'acier. — Éd.

cens. Le verset qui, dans son sens littéral, s'appliquait au roi David, et dans son sens mystique avait rapport à la venue du Messie, devenait, dans l'opinion de l'orateur militaire, applicable à Olivier Cromwell, général victorieux d'une république au berceau qui ne devait pas arriver à sa majorité.

— Ceins ton glaive, s'écria le prédicateur avec un ton d'emphase; et ce glaive n'était-il pas une aussi bonne lame qu'aucune de celles qui ont jamais été suspendues à un ceinturon, ou qui ont battu contre une selle de fer? — Oui, vous dressez les oreilles, couteliers de Woodstock, comme si vous vous doutiez de ce que c'est qu'un bon glaive. — Est-ce vous qui l'avez forgé? J'en doute. — L'acier a-t-il été trempé dans l'eau tirée de la fontaine de Rosemonde (1), ou la lame a-t-elle été bénite par le vieux bélître de prêtre de Godstow? — Vous voudriez sans doute nous faire croire que vous l'avez forgée, trempée, affilée, polie, tandis qu'elle n'est jamais entrée dans une forge de Woodstock. Vous étiez trop occupés à faire des couteaux pour les prêtres fainéans et présomptueux d'Oxford, dont les yeux étaient tellement enfoncés dans la graisse qu'ils ne purent voir la Destruction que lorsqu'elle les eut saisis à la gorge. — Mais je puis vous dire, moi, où ce glaive a été forgé, trempé, affilé, poli. Tandis que vous faisiez, comme je viens de le dire, des couteaux pour des prêtres imposteurs, et des poignards pour des Cavaliers blasphémateurs et dissolus, afin qu'ils vinssent couper la gorge au peuple d'Angleterre, il fut forgé à Long-

---

(1) Allusion toute locale. Woodstock avait été l'asile de la belle Rosemonde. — Éd.

Marston-Moor (1), où les coups pleuvaient plus vite que le marteau ne tomba jamais sur votre enclume. — Il fut trempé à Naseby (2) dans le meilleur sang des Cavaliers. — Il fut affilé en Irlande contre les murs de Drogheda, et rémoulu en Écosse à Dunbar. — Enfin il fut tout récemment poli à Worcester ; il brille avec autant d'éclat que le soleil au milieu du firmament, et il n'y a point en Angleterre de lumière qui puisse en approcher.

Ici les soldats qui formaient une partie de l'auditoire firent entendre un murmure d'approbation. Ce murmure, analogue aux — écoutez! écoutez! — de la chambre des communes d'Angleterre, devait naturellement ajouter à l'enthousiasme de l'orateur, en lui apprenant que ses auditeurs le partageaient.

— Et maintenant, continua le belliqueux apôtre avec une énergie croissante, que dit le texte? — Prospère dans ta puissance. — Ne t'arrête pas dans ta course. — N'ordonne point de halte. — Ne quitte pas la selle. — Poursuis les fuyards dispersés. — Sonne de la trompette, et que ce soit, non pas une vaine fanfare, mais le boute-selle, le départ, la charge. — Poursuis le Jeune Homme (3). — Qu'y a-t-il de commun entre lui et nous? — Tue, prends, détruis, partage les dépouilles. — Tu es béni, Olivier, à cause de ton honneur. — Ta cause est juste, et il est évident que tu es appelé à la soute-

---

(1) Plaine du comté d'York, fameuse par une bataille si fatale à la cause de Charles en 1644. — Éd.

(2) Village du comté de Northampton où se donna, en 1645, une autre bataille décisive en faveur des Têtes-Rondes. Cromwell et le roi y combattirent en personne. — Éd.

(3) Les républicains nommaient ainsi Charles II. — Éd.

nir. Jamais la défaite n'a approché de ton bâton de commandement ; jamais désastre n'a suivi ta bannière. Marche donc, fleur des soldats anglais ; marche, chef élu des champions de Dieu ; ceins tes reins de résolution, et vole sans t'arrêter vers le but auquel tu es appelé par le ciel.

Un autre murmure d'approbation, que répétèrent les échos de la vieille église, permit au soldat prédicateur de reprendre haleine un instant ; mais ensuite les habitans de Woodstock l'entendirent, non sans inquiétude, diriger d'un autre côté le torrent de son éloquence.

— Mais pourquoi vous parler ainsi, à vous, habitans de Woodstock, qui ne réclamez pas une portion d'héritage avec notre David ; qui ne prenez aucun intérêt au fils de Jessé de l'Angleterre ? vous qui combattiez de toutes vos forces, — et elles n'étaient pas bien formidables, — vous qui combattiez pour l'Homme (1) sous ce papiste altéré de sang, sir Jacob Aston, ne complotez-vous pas maintenant, ou n'êtes-vous pas prêts à comploter, pour rétablir le Jeune Homme, comme vous l'appelez, le fils impur du tyran qui n'est plus ? — Pourquoi votre chef tournerait-il sa bride de notre côté ? dites-vous dans vos cœurs ; nous ne voulons pas de lui ; et, si nous pouvons en venir à bout, nous préférons nous vautrer dans le bourbier de la monarchie avec la truie qui vient d'être lavée. — Eh bien ! habitans de Woodstock, je vous le demande, répondez-moi. — Avez-vous encore faim des — potées de chair des moines de Godstow ? Vous me direz non. Mais pourquoi ? parce

(1) Charles Ier. — Éd.

que les pots sont fendus et brisés, et que le feu qui chauffait leur four est éteint. — Je vous le demande encore! continuez-vous à boire l'eau de la fontaine des fornications de la belle Rosemonde? Vous direz non. Mais pourquoi?...

Ici l'orateur, avant de pouvoir répondre à sa manière à la question qu'il faisait, fut interrompu par la réplique suivante, prononcée d'un ton ferme par un membre de la congrégation.

— Parce que vous et vos pareils ne nous avez pas laissé une goutte d'eau-de-vie pour mêler avec cette eau.

Tous les regards se retournèrent vers l'audacieux interrupteur qui était debout, appuyé contre un des piliers massifs d'architecture saxonne, avec lesquels il avait lui-même quelque ressemblance, car c'était un homme de petite taille, mais vigoureux, ayant les épaules carrées, une espèce de Little-John (1), tenant en main un gros gourdin, et dont l'habit, usé et fané, avait été jadis de drap vert de Lincoln, et conservait quelques restes d'ancienne broderie. Il avait un air d'insouciance, d'audace et de bonne humeur; et, malgré la crainte que leur inspiraient les militaires, quelques citoyens ne purent s'empêcher de s'écrier : — Bien répondu, Jocelin Joliffe!

— Jocelin Jolly, l'appelez-vous? continua le prédicateur sans paraître ni confus ni mécontent de cette interruption ; j'en ferai Jocelin de la prison s'il s'avise encore de m'interrompre. C'est sans doute quelqu'un de vos gardes forestiers, qui ne peuvent oublier qu'ils ont

---

(1) Petit-Jean, lieutenant du fameux Robin Hood. — Éd.

porté les lettres C. R. (1), gravées sur leurs plaques de cuivre et sur leurs cors de chasse, comme un chien porte le nom de son maître sur son collier: joli emblème pour des chrétiens! Mais la brute l'emporte sur l'homme, car la brute porte l'habit qui lui appartient, et le misérable esclave porte celui de son maitre. J'ai vu plus d'un de ces mauvais plaisans brandiller au bout d'une corde. — Où en étais-je? Ah! je vous reprochais votre apostasie, habitans de Woodstock. — Oui, vous me direz que vous avez renoncé au papisme, que vous avez abandonné le culte épiscopal! Vous vous essuyez la bouche en pharisiens que vous êtes, et qui peut vous le disputer en pureté de religion? — Moi je vous dis que vous n'êtes que comme Jéhu, fils de Nimsi, qui détruisit le temple de Baal, mais qui ne se sépara point des fils de Jéroboam. Ainsi vous ne mangez pas de poisson le vendredi avec les aveugles papistes, ni des gâteaux aux raisins le 25 décembre avec les insoucians épiscopaux; mais vous vous gorgez de vin toutes les nuits de l'année avec votre guide infidèle presbytérien; et vous parlez mal de ceux qui sont élevés en dignité; vous vomissez des injures contre la république, et vous vous glorifiez de votre parc de Woodstock, en disant: — N'est-ce pas le premier qui ait été entouré de murs en Angleterre, et ne l'a-t-il pas été par Henry, fils de Guillaume, surnommé le Conquérant? et n'y avez-vous pas un palais que vous appelez la Loge Royale, et un chêne que vous nommez le Chêne du Roi? et vous volez les daims du parc, vous en mangez la chair, et vous dites, — C'est la venaison du roi, nous l'arroserons de

---

(1) *Carolus Rex.* Charles, roi. — Éd.

bon vin que nous boirons à sa santé. Il vaut mieux que nous en profitions que ces coquins de républicains Têtes-Rondes. Mais écoutez-moi, et faites-y bien attention, car nous venons pour controverser avec vous sur toutes ces choses. Notre nom sera un boulet de canon! Votre Loge, dans le parc de laquelle vous prenez vos ébats, s'écroulera; et nous ferons un coin pour fendre votre Chêne du Roi destiné à chauffer le four du boulanger. Nous renverserons les murs du parc; nous tuerons les daims, nous les mangerons nous-mêmes, et vous n'en aurez ni hanche ni échine, vous n'en aurez pas même les bois pour en faire des manches de couteaux, ni la peau pour y tailler une paire de culottes, quoique vous soyez couteliers et gantiers; et vous ne recevrez ni secours ni soutien du traître Henry Lee, dont les biens sont séquestrés; vous ne recevrez aucun secours ni de celui qui se nommait grand-maître de la capitainerie de Woodstock, ni de personne en son nom; car celui qui vient ici sera nommé Maher-Shalal-Hash-Baz, parce qu'il se hâte de venir prendre possession du butin.

Ainsi se termina ce discours bizarre (1), dont la dernière partie remplit de consternation le cœur des pauvres habitans de Woodstock, comme tendant à confirmer un bruit désagréable qui circulait depuis peu. Les communications avec Londres étaient lentes à cette époque; les nouvelles qui en arrivaient étaient aussi peu sûres

---

(1) Voyez la *Vie de Dryden*, par sir Walter Scott, t. I*er*, section I*re*. Sir Walter Scott y juge en littérateur les prédicateurs du temps, et cite en notes les fragmens d'un sermon qui prouvent combien celui qu'on vient de lire est l'expression fidèle de l'éloquence républicaine de la chaire anglaise. — ÉD.

que les temps eux-mêmes étaient incertains, et elles étaient exagérées par les espérances et les craintes des diverses factions qui les répandaient. Mais le bruit qui courait concernant Woodstock était uniforme, et ne se démentait pas. Il ne se passait pas un seul jour qu'on ne dît que le parlement avait rendu un fatal décret pour vendre le parc de Woodstock, en abattre les murs, démolir la Loge, et détruire autant que possible les traces de son ancienne renommée.

Cette mesure devait être préjudiciable aux habitans de cette ville, un grand nombre d'entre eux jouissant, par tolérance plutôt que par droit, de différens privilèges dont ils se trouvaient fort bien, comme de faire pâturer leurs bestiaux dans le parc, d'y couper du bois de chauffage, etc. D'ailleurs tous les citoyens de ce petit bourg étaient mortifiés en songeant que l'ornement de leurs environs allait être détruit, un bel édifice réduit en ruines, l'honneur de leur voisinage anéanti. Ce sentiment patriotique se retrouve souvent dans les endroits que d'anciennes distinctions et des souvenirs fidèlement conservés rendent si différens des villes d'une date plus récente. Les habitans de Woodstock l'éprouvaient dans toute sa force. La calamité qu'ils prévoyaient les avait fait trembler; mais à présent qu'elle était annoncée par l'arrivée de ces soldats tout-puissans, à figure austère et sombre, à présent qu'ils l'entendaient proclamer par la bouche d'un de leurs prédicateurs militaires, ils regardaient leur destin comme inévitable. Les causes de dissension qui pouvaient exister entre eux furent oubliées pour le moment, et la congrégation, congédiée sans psalmodie et sans bénédiction, se retira à pas lents et d'un air triste; chacun regagna sa demeure.

CHAPITRE II.

> « Avance, bon vieillard; que le bras de ta fille
> » Soit dorénavant ton soutien.
> » Lorsque du temps l'implacable faucille
> » A moissonné le chêne aérien,
> » Le rejeton qui lui doit la naissance,
> » Déployant ses jeunes rameaux,
> » Du vieux tronc abattu couvre la décadence,
> » Et le rend respectable aux yeux de ses rivaux. »

Lorsque le sermon fut terminé, le prédicateur militaire s'essuya le front, car, malgré le froid de la saison, la véhémence de ses discours et de ses gestes l'avait échauffé. Il descendit alors de la chaire, et dit quelques mots au caporal qui commandait le détachement. Celui-ci lui répondit par un signe d'intelligence fait d'un air grave, et puis rassemblant ses soldats, il les reconduisit en bon ordre au quartier qu'ils occupaient dans la ville.

Celui qui avait prêché sortit lui-même de l'église, comme si rien d'extraordinaire ne fût arrivé, et se promena dans les rues de Woodstock avec l'air d'un étranger qui aurait voulu voir la ville, sans paraître remarquer qu'il était lui-même à son tour examiné avec inquiétude par les habitans; leurs regards furtifs, mais fréquens, semblaient le considérer comme un être suspect et redoutable, et dont il serait dangereux de provoquer le ressentiment. Il ne fit aucune attention à eux, et continua sa promenade avec la manière affectée des fanatiques de ce temps, c'est-à-dire d'un pas lent et solennel, et avec un air sérieux et sévère, en homme mécontent des interruptions momentanées que la vue des objets terrestres apportait à ses méditations sur les choses célestes. Ces enthousiastes méprisaient et condamnaient les plaisirs les plus innocens, de quelque genre qu'ils fussent, et un sourire leur paraissait une abomination.

C'était pourtant cette disposition d'esprit qui formait les hommes à de grandes actions; car, au lieu de chercher à satisfaire leurs passions, ils dirigeaient leur conduite d'après les principes qu'ils avaient adoptés, et ces principes n'avaient rien d'égoïste. Il se trouvait sans contredit parmi eux des hypocrites qui couvraient leur ambition du voile de la religion; mais il en existait qui étaient réellement doués du caractère religieux et de la sévérité d'une vertu républicaine, que les autres ne faisaient qu'affecter. Le plus grand nombre étaient placés entre ces deux extrêmes; ils éprouvaient jusqu'à un certain point le pouvoir de la religion, et ils se conformaient au temps en outrant leurs sentimens réels.

L'individu dont les prétentions à la sainteté, visibles

comme elles l'étaient sur son front et dans sa démarche, ont occasioné la digression qui précède, arriva enfin à l'extrémité de la principale rue, aboutissant au parc de Woodstock. Une porte fortifiée défendait l'entrée de l'avenue.

L'architecture gothique de cette porte, quoique composée de styles de différens siècles, suivant les époques où l'on y avait fait des additions, était d'un effet imposant. Une énorme grille en longues barres de fer, décorée d'un grand nombre d'ornemens, et surmontée du malheureux chiffre C. R., était dans un état de dégradation qui accusait à la fois la rouille et la violence républicaine.

Le soldat s'arrêta, comme s'il n'eût trop su s'il devait entrer sans demander la permission. Il vit à travers la grille une avenue bordée de chênes majestueux, et qui s'éloignait en serpentant, comme pour aller se perdre dans la profondeur d'une vaste et antique forêt. Le guichet de la grande grille ayant été laissé ouvert par mégarde, il le franchit, mais en hésitant et en homme qui se glisse dans un lieu dont il sent que l'entrée lui serait refusée. Dans le fait, ses manières montrèrent plus de respect pour ces lieux qu'on n'aurait pu en attendre de son caractère et de sa profession. Il ralentit son pas, déjà si solennel, et enfin il s'arrêta et regarda autour de lui.

A quelque distance de la grille, il vit s'élever au-dessus des arbres deux antiques et vénérables tourelles, dont chacune était surmontée par une girouette d'un travail curieux, et qui réfléchissaient les rayons du soleil d'automne : elles indiquaient la situation de l'ancien rendez-vous de chasse, la Loge, comme on l'appelait, qui, depuis le temps de Henry II, avait été de temps en temps le séjour des monarques anglais, quand il leur plaisait d'aller chasser dans les bois d'Oxford, où il y avait tant de gibier que, suivant le vieux Fuller (1), c'était le lieu de prédilection des chasseurs et des fauconniers. La Loge s'élevait sur un terrain plat, maintenant couvert de sycomores, non loin de l'entrée de ce lieu magnifique où le spectateur s'arrête pour contempler Blenheim, ce souvenir des victoires de Marlborough, et admirer ou critiquer la lourde magnificence du style de Vauburgh (2).

Là aussi s'arrêta notre prédicateur militaire, mais avec des pensées bien différentes et dans un autre dessein que celui d'admirer. Quelques instans après il vit deux personnes, un homme et une femme, s'approcher à pas lents; et ils étaient si occupés de leur conversation qu'ils ne levèrent pas les yeux, et n'aperçurent pas l'étranger qui se trouvait devant eux à quelque distance. Le soldat profita de leur distraction, et, désirant épier leurs mouvemens sans en être aperçu, il se glissa derrière un gros arbre qui bordait l'avenue, et dont les branches, balayant la terre, empêchaient qu'il ne fût découvert, à moins qu'on ne le cherchât tout exprès.

Cependant nos deux nouveaux personnages continuaient à s'avancer, en se dirigeant vers un berceau encore éclairé des rayons du soleil, et appuyé contre l'arbre derrière lequel le militaire était caché.

L'homme était un vieillard, mais qui semblait courbé

(1) Auteur d'une vie des saints anglais. — Éd.
(2) Auteur comique aussi spirituel que licencieux, et architecte de Blenheim, mais dont tous les monumens ont le défaut de paraître lourds. — Éd.

plus encore par le poids des chagrins et des infirmités que par celui des années. Il portait un manteau noir sur un habit de même couleur, de cette coupe pittoresque que Vandyck a rendue immortelle; mais quoique son costume fût décent, il le portait avec une négligence qui prouvait que son esprit n'était pas dans une situation tranquille. Ses traits, où l'on reconnaissait l'empreinte de l'âge, n'étaient pourtant pas encore sans beauté, et sa physionomie avait un air distingué d'accord avec son costume et sa démarche. Ce qui frappait le plus dans son extérieur était une longue barbe blanche qui lui descendait au-dessus de la poitrine sur son pourpoint à taillades, et qui formait un contraste singulier avec la couleur sombre de ses vêtemens.

La jeune dame qui donnait le bras à ce vénérable personnage, et qui semblait en quelque sorte le soutenir, avait les formes légères d'une sylphide et des traits d'une beauté si exquise qu'on aurait dit que la terre sur laquelle elle marchait était un sol indigne d'être foulé par une créature si aérienne; mais toute beauté mortelle doit tribut aux chagrins de ce monde. Les yeux de cet être charmant offraient des traces de larmes; ses joues étaient couvertes de vives couleurs, et il était évident, d'après l'air triste et mécontent de celui qu'elle écoutait, que la conversation lui était aussi désagréable qu'à elle. Lorsqu'ils se furent assis sur le banc dont nous venons de parler, le soldat aux écoutes ne perdit pas un mot de tout ce que disait le vieillard; mais il entendit un peu moins distinctement les réponses de la jeune personne.

— Cela n'est pas supportable, dit le vieillard avec véhémence; il y aurait de quoi rendre les jambes à un paralytique et en faire un soldat; oui, je l'avoue, la guerre m'a privé d'un grand nombre des miens ; d'autres se sont éloignés de moi dans ces temps désastreux. Je ne leur en veux point pour cela ; que pouvaient faire les pauvres diables quand il n'y avait ni pain à l'office ni bière dans le cellier ? — Mais il nous reste encore quelques braves forestiers de la vraie race de Woodstock, la plupart aussi vieux que moi, et qu'importe ! Le vieux bois se déjette rarement à l'humidité. — Je tiendrai bon dans le vieux château, et ce ne sera pas la première fois que je m'y serai maintenu contre une force dix fois plus considérable que celle dont nous entendons parler à présent.

— Hélas ! mon cher père ! dit la jeune personne avec un son de voix qui semblait indiquer qu'elle regardait ces projets de résistance comme un acte de désespoir imprudent.

— Et pourquoi cet hélas ? répliqua le vieillard d'un ton courroucé ; est-ce parce que je ferme ma porte à trente ou quarante de ces hypocrites altérés de sang ?

— Mais leurs maîtres peuvent aisément envoyer contre vous un régiment ou même une armée, et à quoi servirait votre résistance, si ce n'est à les exaspérer et à rendre votre ruine plus complète ?

— Soit, Alice ; j'ai vécu assez et trop long-temps. J'ai survécu au meilleur des maîtres, au plus noble des princes. Que fais-je sur la terre depuis le malheureux 30 janvier ? Le parricide commis en cette journée était pour tous les vrais serviteurs de Charles Stuart le signal de venger sa mort ou de mourir dès qu'ils en trouveraient une occasion honorable.

— Ne parlez pas ainsi, mon père, dit Alice Lee ; il ne convient ni à votre jugement ni à votre mérite de sacrifier une vie qui peut encore être utile à votre roi et à votre pays. L'état actuel des choses ne durera pas toujours; il ne peut toujours durer. L'Angleterre ne supportera pas long-temps les chefs que lui a donnés le malheur des temps. En attendant..... — Ici quelques mots échappèrent aux oreilles du soldat. — Et méfiez-vous de cette impatience qui ne fait qu'empirer les choses.

— Les empirer! s'écria le vieillard impétueux ; et que peut-il arriver de pire? Le mal n'a-t-il pas atteint son dernier degré? Ces gens ne nous chasseront-ils pas de notre seul abri? — Ne dilapideront-ils pas le reste des propriétés royales confiées à ma garde? — Ne feront-ils pas du palais des princes une caverne de brigands? et alors ils se passeront la main sur les lèvres, et ils rendront graces au ciel comme s'ils avaient fait une bonne œuvre.

— L'avenir n'est pas encore sans espoir pour nous, mon père. J'espère que le roi est en ce moment hors de leur portée; et nous avons lieu de croire que mon frère Albert est en sûreté.

— Oui, Albert! s'écria sir Henry d'un ton de reproche; nous y voilà encore. Sans toutes vos prières, je serais allé moi-même à Worcester ; mais il a fallu que je restasse ici comme un vieux limier hors de service qu'on laisse derrière en partant pour la chasse. Et qui sait de quelle utilité j'aurais pu être? La tête d'un vieillard vaut quelquefois son prix, même quand son bras ne vaut plus grand'chose. — Mais vous et Albert vous désiriez tellement que je restasse! — Et maintenant qui peut savoir ce qu'il est devenu?

— Mais, mon père, dit Alice, nous avons tout lieu

d'espérer qu'Albert a échappé à cette fatale journée : le jeune Abney l'a vu à un mille du champ de bataille.

— Le jeune Abney a menti, je suppose, répliqua le père avec le même esprit de contradiction; — la langue du jeune Abney fait plus de besogne que son bras; et cependant elle court encore moins vite que les jambes de son cheval quand il fuit devant les Têtes-Rondes. — J'aimerais mieux que le cadavre d'Albert fût resté étendu entre Charles et Cromwell que d'apprendre qu'il ait pris la fuite aussi promptement que le jeune Abney.

— Mon cher père, s'écria Alice en pleurant, que puis-je donc vous dire pour vous consoler?

— Pour me consoler, dites-vous, mon enfant? je suis las de consolations. Une mort honorable et les ruines de Woodstock pour tombeau, voilà toute la consolation qu'attend Henry Lee. — Oui, par la mémoire de mon père, je défendrai la Loge contre ces brigands rebelles.

— Écoutez votre raison mon père, soumettez-vous à ce qu'il nous est impossible d'empêcher. Mon oncle Éverard.....

Le vieillard l'interrompit en répétant ces derniers mots. — Ton oncle Éverard! s'écria-t-il; eh bien, continue : qu'as-tu à me dire de ton précieux et affectionné oncle Éverard?

— Rien, mon père, si ce sujet d'entretien vous déplaît.

— S'il me déplaît! Et pourquoi me déplairait-il? et quand il me déplairait, pourquoi affecter de t'en inquiéter? Pourquoi quelqu'un s'en inquiéterait-il? Qu'est-il arrivé depuis quelques années qui ne doive me déplaire?

Quel astrologue pourrait me prédire dans l'avenir quelques événemens plus heureux?

— Le destin peut nous réserver le plaisir de voir la restauration de notre prince banni.

— Il est trop tard pour moi, Alice. S'il se trouve une si belle page dans les registres du ciel, j'aurai quitté la terre long-temps avant qu'elle me soit montrée. — Mais je vois que tu veux éluder de me répondre. — En un mot, qu'as-tu à dire de ton oncle Éverard?

— Dieu sait, mon père, que j'aimerais mieux me condamner au silence pour toujours que de dire des choses qui, dans la situation actuelle de votre esprit, pourraient augmenter votre indisposition.

— Mon indisposition! Oh! tu es un médecin des lèvres duquel le miel découle. Tu prodigueras l'huile, le vin et le baume pour guérir mon indisposition, — si c'est le terme convenable pour désigner les souffrances d'un vieillard dont le cœur est presque brisé. — Encore une fois, que voulais-tu dire de ton oncle Éverard?

Il éleva la voix en prononçant ces derniers mots avec aigreur; et Alice répondit à son père d'un ton soumis et craintif:

— Je voulais seulement dire que je suis certaine que mon oncle Éverard, quand nous quitterons Woodstock.....

— Dis donc quand nous en aurons été chassés par ces misérables tondus (1) de fanatiques qui lui ressemblent. — Eh bien! continue. — Que fera ton généreux oncle? — Nous accordera-t-il la desserte de sa table économique? Nous donnera-t-il, deux fois par semaine,

(1) Les républicains se coupaient les cheveux très-près de la tête; c'est pourquoi on les appelait Têtes-Rondes. — Éd.

les restes du chapon qui y aura paru trois fois, en nous laissant jeûner les cinq autres jours?—Nous permettra-t-il de coucher dans son écurie à côté de ses chevaux affamés? Leur retranchera-t-il une partie de leur paille, afin que le mari de sa sœur, — faut-il que j'aie à parler de l'ange que j'ai perdu! — et la fille de sa sœur ne soient pas obligés de se coucher sur la pierre? — Ou bien nous enverra-t-il à chacun un noble d'or en nous recommandant de le faire durer long-temps, parce qu'il n'a jamais vu l'argent si rare?—Quelle autre chose ton oncle Éverard fera-t-il pour nous? Nous obtenir une permission de mendier? Je puis le faire sans cela.

—Vous ne lui rendez pas justice, répondit Alice avec plus de vivacité qu'elle n'en avait encore montré; et, si vous vouliez interroger votre propre cœur, vous reconnaîtriez vous-même, je parle avec respect, que votre bouche prononce des paroles désavouées par votre jugement. Mon oncle Éverard n'est ni avare ni hypocrite. Il n'est ni assez attaché aux biens de ce monde pour ne pas fournir amplement à tous nos besoins, ni assez entiché d'opinions exagérées pour n'avoir pas de charité pour les gens d'une autre secte que la sienne.

—Oui, oui! l'Église anglicane est une secte à ses yeux, je n'en doute pas; et peut-être aux tiens aussi, Alice. Que sont les Mugglemans (1), les Ranters (2),

(1) Il faudrait un gros volume pour faire connaître en détail toutes les *variations* du protestantisme. On appelait *Mugglemans* ou Muggletoniens les sectaires de la religion de Muggleton, tailleur, qui prétendait avoir le don de prophétie, et dispensait ses disciples de toute règle de conduite. — Éd.

(2) *Ranters*, extravagans sectaires qui prêchaient un vrai désordre moral, comme les Muggletoniens. — Éd.

les Brownistes (1)? — des sectaires; et ta phrase les place tous, avec Jack Presbyter (2) à leur tête, sur le même niveau que nos doctes prélats et nos dignes ministres. Tel est le jargon du siècle où tu vis; et pourquoi ne parlerais-tu pas comme une des vierges sages, comme une des sœurs psalmodiantes? Quoique tu aies pour père un vieux Cavalier profane, tu es nièce de l'oncle Éverard.

— Si vous parlez ainsi, mon père, que puis-je vous répondre? Écoutez-seulement quelques mots avec patience, et je me serai bientôt acquittée de la commission de mon oncle.

— Oh! il y a donc une commission! Oh! certes, je m'en doutais dès le commencement; j'avais même quelques soupçons relativement à l'ambassadeur. Allons, miss Lee, remplissez vos fonctions, et vous n'aurez pas à vous plaindre que je manque de patience.

— Eh bien! mon père, mon oncle Éverard vous engage à recevoir avec politesse les commissaires qui viennent mettre le séquestre sur le parc et le domaine de Woodstock, ou du moins de vous abstenir d'apporter obstacle ou opposition à leurs opérations. Cela ne peut, dit-il, faire aucun bien même dans vos propres principes, et ce serait leur donner un prétexte pour vous persécuter avec la dernière rigueur, ce qu'il croit qu'on peut éviter en agissant autrement. Il espère même que, si vous suivez ses conseils, le comité pourra, par suite du crédit dont il y jouit, se déterminer à lever le séquestre mis sur vos biens, et à y substituer une

---

(1) Les *Brownistes*, disciples de Brown, avaient encore les mêmes idées que les Ranters et autres indépendans. — Éd.

(2) Le presbytérianisme personnifié. — Éd.

amende modérée. C'est ainsi que parle mon oncle; et je n'ai pas besoin de fatiguer votre patience par d'autres argumens.

—Tu as raison de n'en rien faire, Alice, répondit sir Henry avec un ton de courroux étouffé; car, par la sainte croix! tu m'as presque fait tomber dans la croyance hérétique que tu n'es pas ma fille.—O toi, ma chère compagne! loin aujourd'hui des chagrins et des soucis de ce misérable monde, aurais-tu jamais pu croire que la fille que tu pressais contre ton sein deviendrait, comme la méchante femme de Job, la tentatrice de son père à l'heure de son affliction; qu'elle lui conseillerait de sacrifier sa conscience à son intérêt, pour demander aux mains encore couvertes du sang de son maître, et peut-être à celles des meurtriers de son fils, un misérable reste des biens dont il a été dépouillé!—Quoi! s'il faut que je mendie, crois-tu que je m'adresse à ceux qui ont fait de moi un mendiant? Non! jamais. Cette barbe blanche, que je porte en témoignage de mon deuil du meurtre de mon souverain (1), jamais je n'irai la montrer pour émouvoir la pitié des orgueilleux qui ont séquestré mes biens, et qui étaient peut-être du nombre des parricides. Non! si Henry Lee doit demander son pain, ce sera à quelque loyal royaliste comme lui, qui ne refusera pas de partager le sien avec lui. Quant à sa fille, elle peut suivre le chemin qui lui convient. Ce chemin la conduira à se réfugier chez ses riches parens

---

(1) Dans une des introductions de *Marmion*, sir Walter Scott cite son aïeul qui, comme sir Henry Lee, avait juré de ne pas se raser tant que les Stuarts seraient dépouillés de leur trône.—Éd.

Têtes-Rondes ; mais qu'elle n'appelle plus son père celui dont elle dédaigne de partager la pauvreté.

—Vous êtes injuste envers moi, mon père, répondit Alice d'une voix animée, quoique défaillante,— cruellement injuste. Dieu sait que le chemin que vous suivrez sera le mien, quoiqu'il conduise à la ruine et à la mendicité ; et mon bras vous soutiendra, si vous acceptez un si faible secours.

— Tu me paies de paroles, mon enfant; tu me paies de paroles, comme le dit William Shakspeare, tu parles de me prêter ton bras, et ta secrète pensée est de t'appuyer sur celui de Markham Éverard.

—Mon père, mon père! s'écria Alice avec le ton d'un violent chagrin, — qui peut avoir ainsi égaré votre sain jugement, et changé votre bon cœur? Maudites soient ces commotions civiles qui non-seulement coûtent la vie à tant d'hommes, mais qui dénaturent leurs sentimens, et qui rendent méfians, durs et cruels les gens les plus braves, les plus nobles, les plus généreux.—Quel reproche avez-vous à me faire relativement à Markham Éverard? L'ai-je vu, lui ai-je parlé depuis que vous lui avez interdit ma présence en termes moins doux — je dirai la vérité — que ne l'exigeait votre parenté avec lui? Pourquoi vous imaginer que je sacrifierais à ce jeune homme tout ce que je vous dois? Sachez que, si j'étais capable d'une faiblesse criminelle, Markham Éverard serait le premier à me mépriser.

Elle appuya son mouchoir sur ses yeux; mais elle ne put ni retenir ses sanglots, ni cacher l'angoisse qui les occasionait. Le vieillard en fut ému.

— Je ne sais qu'en dire ni qu'en penser, dit-il ;— tu parais sincère, et tu as toujours été bonne fille. Je ne conçois pas comment tu as souffert que ce jeune rebelle s'insinuât dans ton cœur. Peut-être est-ce une punition que le ciel m'inflige, pour avoir pensé que la loyauté de ma maison était pure comme l'hermine ; et cependant voilà une malheureuse tache sur le plus beau de ses joyaux, sur ma chère Alice. — Ne pleure pas, mon enfant ; nous avons assez de causes d'affliction. — Dans quelle pièce Shakspeare dit-il :

> Aimable et chère enfant,
> Laissez-moi tout le soin de cette triste affaire ;
> Ne prenez point des temps le fâcheux caractère :
> Ne soyez pas comme eux un ennui pour Percy.

— Je suis charmée de vous entendre citer une seconde fois votre poète favori, mon père. Nos petits différends sont presque toujours près d'être terminés quand Shakspeare se met de la partie.

— Le recueil de ses œuvres était le compagnon fidèle de mon bienheureux maître. Après la Bible, si je puis nommer Shakspeare et la Bible en même temps, c'était le livre dans lequel il puisait le plus de consolations, et comme je suis attaqué de la même maladie, il est tout naturel que j'aie recours au même remède. Mais je ne prétends pas avoir le même talent que mon maître pour expliquer les passages obscurs, car je suis peu instruit, et je n'ai appris que l'art de la chasse et le métier des armes.

— Vous avez vu Shakspeare, mon père ?

— Jeune folle ! je n'étais encore qu'un enfant quand il mourut ; tu me l'as entendu dire plus de vingt fois ; mais tu voudrais écarter les pensées de ton vieux père d'un sujet qui le tourmente. Eh bien ! quoique je ne sois pas aveugle, je puis fermer les yeux, et suivre mon guide. C'est Ben Jonson que j'ai connu, et je pourrais te conter bien des anecdotes de nos réunions à la Sirène (1), où, si l'on faisait grande dépense de vin, on en faisait encore plus d'esprit. Nous n'étions pas occupés à nous envoyer des bouffées de fumée les uns aux autres, ou à tourner vers le ciel le blanc de nos yeux quand nous vidions le pot de vin. Le vieux Ben m'avait adopté pour un de ses enfans en Apollon. Ne t'ai-je pas montré ses vers :— A mon fils chéri, le respectable sir Henry Lee de Ditchley, chevalier baronnet?

— Je ne me les rappelle pas en ce moment, mon père.

— Je crois que tu ne dis pas la vérité, petite; mais n'importe, tu n'obtiendras pas de moi d'autres folles idées en ce moment. Le mauvais esprit a quitté Saül. Il s'agit de décider ce que nous ferons relativement à Woodstock; si nous l'abandonnerons ou si nous le défendrons.

— Mon cher père, pouvez-vous entretenir un instant l'espoir de le défendre?

— Je n'en sais rien; mais ce qui est certain, c'est que je voudrais encore une petite action pour faire mes adieux. Et qui sait où la bénédiction du ciel peut descendre? Mais, en ce cas, il faut que mes pauvres vassaux prennent part avec moi à une défense désespérée, et cette idée me retient, je l'avoue.

— Ah! qu'elle vous détermine, mon père: songez qu'il y a un détachement de soldats dans la ville, et trois régimens à Oxford.

(1) Fameuse taverne où se réunissaient les poètes du temps.
ÉD.

— Pauvre Oxford! s'écria sir Henry, dont un seul mot faisait tourner l'esprit indécis vers le premier objet qui se présentait à lui; siège de la science et de la loyauté! ces soldats grossiers sont une compagnie qui ne convient guère à tes doctes collèges et aux allées poétiques de ton parc. Mais ta lumière vive et pure bravera le souffle empoisonné d'un millier de rustres, souffleraient-ils comme Borée pour l'éteindre? Le buisson ardent ne sera pas consumé, même par le feu de cette persécution.

— Vous avez raison, mon père, et il n'est peut-être pas inutile de vous rappeler que, si quelque mouvement royaliste avait lieu dans un moment si peu propice, ce serait pour eux une raison de traiter l'université avec encore plus de dureté; car ils la regardent comme le foyer d'où part tout ce qu'on fait en faveur du roi dans ces environs.

— C'est la vérité, ma fille, et ces bandits saisiraient le moindre prétexte pour séquestrer le peu de biens que les guerres civiles ont laissés aux collèges. Ce motif, et les dangers auxquels j'exposerais mes pauvres vassaux... Allons, tu m'as désarmé, mon enfant; je serai calme et patient comme un martyr.

— Fasse le ciel que vous teniez votre parole, mon père; mais la vue d'un seul de ces hommes vous cause toujours tant d'émotion que je crains...

— Voudriez-vous me faire passer pour un enfant, Alice? ne savez-vous pas que je puis regarder un crapaud, une couleuvre, des vipères entrelacées, sans autre sensation qu'un peu de dégoût? et, quoiqu'une Tête-ronde, et surtout un Habit-Rouge, soient à mes yeux plus dégoûtans qu'un crapaud, plus venimeux qu'une couleuvre, et plus à craindre que toutes les vipères, cependant je puis maîtriser mon aversion naturelle au point que, s'il en paraissait un en ce moment devant mes yeux, tu verrais toi-même avec quelle politesse je le recevrais.

Il parlait encore lorsque le prédicateur militaire sortit de derrière le rideau de feuilles qui le cachait; il parut inopinément devant le vieux Cavalier, qui le regarda avec surprise, comme si ses paroles avaient conjuré un malin esprit.

— Qui es-tu? lui demanda sir Henry à voix haute et d'un ton courroucé, tandis que sa fille effrayée le tenait par le bras, car elle craignait que les résolutions pacifiques de son père ne pussent supporter le choc d'une apparition si soudaine.

— Je suis, répondit le soldat, un homme qui ne craint ni ne rougit de s'appeler un pauvre journalier dans les grands travaux de l'Angleterre; un simple et sincère partisan de la bonne vieille cause.

— Et que diable viens-tu chercher ici? demanda le chevalier avec fierté.

— La bienvenue due aux mandataires des lords commissaires, répondit le soldat.

— Tu es aussi bien venu, que du sel le serait pour des yeux malades, dit sir Henry; et qui sont tes commissaires?

Le soldat lui présenta sans beaucoup de cérémonie un parchemin que le vieux Cavalier prit entre l'index et le pouce, comme si c'eût été une lettre venant de quelque lazaret; et il le tint aussi loin qu'il put de ses yeux en le lisant. Il lut tout haut ce qui y était écrit, et, prononçant le nom de chacun des commissaires, il y ajoutait un court commentaire, adressé à Alice à la vérité, mais d'un ton assez haut pour prouver qu'il s'inquiétait peu d'être entendu par le soldat.

— *Desborough...* Le valet de charrue Desborough ! — aussi vil manant que qui que ce soit en Angleterre ; — un drôle qui ferait mieux d'être chez lui comme un ancien Scythe, sous la couverture d'un chariot ! — Au diable ! — *Harrison.* — Un fanatique sanguinaire ! — un enthousiaste exalté qui lit la Bible avec tant de profit, qu'il ne manque jamais d'un texte pour justifier un assassinat ! — Au diable ! — *Bletson.* — Un vrai républicain ; — un bleu foncé, — un membre du club de la Rota d'Harrison (1), cerveau timbré, plein de nouvelles idées de ce gouvernement, dont le but le plus clair est de mettre la queue où devrait être la tête ; — un drôle qui vous abandonne les statuts et les lois de la vieille Angleterre pour bavarder de la Grèce et de Rome ; — qui voit l'aréopage dans la salle de Westminster, et qui prend le vieux Noll pour un consul romain ; sur ma foi ce sera plutôt un dictateur pour eux. — N'importe ! — au diable comme les autres.

— Ami, dit le soldat, je voudrais agir civilement avec

(1) On appelait la cour de la *rota* à Rome un tribunal ecclésiastique composé de douze docteurs. — Le club de la *rota*, dont Harrisson était un des principaux membres, se composait de ces indépendans exagérés qui voulaient que la souveraineté fût administrée par rotation.

<blockquote>Rota men of politics.
HUDIBRAS.
Les politiques de la Rota.</blockquote>

Ce club fit surtout du bruit en 1659. On y réclamait particulièrement une grande et libre discussion de toutes les opinions religieuses et politiques. — Éd.

vous; mais ce que je dois aux saints hommes au service de qui je suis ne me permet pas d'entendre parler d'eux avec ce ton d'irrévérence et de mépris. Et, quoique je sache que vous autres malveillans vous croyez avoir le droit d'envoyer qui vous convient au diable votre père, il est inutile que vous l'invoquiez contre des gens qui ont dans l'esprit de meilleures espérances, et des paroles plus convenables dans leur bouche.

— Tu n'es qu'un fanatique valet, répliqua le chevalier, et pourtant tu as raison dans un certain sens; car il est inutile de maudire des gens qui sont déjà aussi damnés et aussi noirs que la fumée de l'enfer.

— Je vous invite à vous modérer, continua le soldat, si ce n'est par conscience, du moins par politesse. Proférer des juremens impies ne convient pas à une barbe grise.

— Quand ce serait le diable qui l'aurait dit, s'écria le chevalier, c'est la vérité; et je rends graces au ciel d'être en état de suivre un bon conseil, même quand il vient du malin esprit. Ainsi donc, l'ami, quant à tes commissaires, tu peux leur dire que sir Henry Lee, grand-maître de la capitainerie de Woodstock, possède la jouissance de la Loge du parc, taillis, hautes futaies, et toutes leurs dépendances, par un droit aussi bien établi que celui qu'ils ont sur leurs propres biens, — c'est-à-dire si quelqu'un d'entre eux possède d'autres biens que ceux qu'il a acquis en volant d'honnêtes gens. Néanmoins sir Henry cèdera la place à ceux qui ont mis la force en place du droit, et il n'exposera pas la vie d'hommes loyaux et estimables lorsque toutes les chances sont évidemment contre eux. Mais, en faisant cette reddition, il proteste que ce n'est de sa part, ni une reconnaissance de l'autorité desdits commissaires, ni un acte de crainte, son unique but étant d'éviter l'effusion du sang anglais, car il n'en a été que trop répandu depuis un certain temps.

— C'est bien parlé, dit le mandataire des commissaires ; et par conséquent rendons-nous, je vous prie, dans la maison, afin que vous puissiez me faire la remise des vases et ornemens d'or et d'argent appartenans au Pharaon égyptien qui vous en a confié la garde.

— Quels vases, et appartenant à qui ? s'écria l'impétueux vieillard. — Chien non baptisé ! parle du roi martyr avec plus de respect en ma présence, ou tu me forceras à traiter ton vil cadavre d'une manière indigne de moi.

Et repoussant sa fille, qui était appuyée sur son bras droit, il porta la main à sa rapière.

Son antagoniste, au contraire, conserva tout son sang-froid, et, faisant un geste de la main, afin que ce qu'il allait dire fît plus d'impression, il reprit avec un ton calme qui ne fit qu'exaspérer le courroux de sir Henry : — Mon bon ami, soyez tranquille, s'il vous plaît, et ne faites pas tant de bruit. Quand on porte des cheveux gris, et quand on a le bras faible, il ne convient pas de crier et de s'emporter comme un ivrogne. Ne me mettez pas dans la dure nécessité d'employer pour ma défense les armes de la chair ; mais écoutez la voix de la raison. — Eh ! ne vois-tu pas que le Seigneur a décidé cette grande querelle en faveur de nous et des nôtres, contre toi et les tiens ? — Démets-toi donc paisiblement de ta charge, et laisse entre mes mains les biens qui ont appartenu à l'*Homme* qu'on nommait Charles Stuart.

— La patience est une bonne monture; mais elle regimbe quelquefois, dit le chevalier hors d'état de réprimer plus long-temps sa colère. Il détacha la rapière suspendue à son côté, en donna un coup au soldat, la tira du fourreau qu'il jeta en l'air et qui resta accroché à une branche d'arbre, et se mit en défense.

Le soldat sauta légèrement en arrière, se débarrassa de son grand manteau, et, tirant son estoc, se mit en garde. Les fers se croisèrent avec bruit, tandis qu'Alice, au comble de la terreur, appelait du secours à grands cris. Mais le combat ne fut pas de longue durée. Le vieux Cavalier avait attaqué un homme à peu près aussi habile que lui dans le maniement des armes; bien mieux, le soldat possédait encore toute la force et toute l'activité dont le temps avait privé sir Henry, et avait le sang-froid que ce dernier avait perdu dans la violence de sa colère. Dès la troisième passe, l'épée du chevalier sauta en l'air, comme si elle eût voulu aller rejoindre le fourreau, et son maître, rouge de honte et de colère, se vit désarmé et à la merci de son adversaire (1).

Le républicain ne montra nulle envie d'abuser de sa victoire; ni pendant le combat ni après son triomphe, il ne laissa voir aucune altération dans l'air grave et sévère de sa physionomie. Un combat où il s'agissait de la vie ou de la mort lui semblait une chose aussi familière et aussi peu à craindre qu'un assaut au fleuret.

— Le ciel t'a livré entre mes mains, dit-il, et, d'après la loi des armes, je pourrais te frapper sous la cinquième côte, comme Asahel fut frappé de mort par Abner, fils de Nun, lorsqu'il suivait la chasse sur la montagne d'Ammah, qui est en avant de Giah sur le

(1) Sujet de la vignette de ce volume.

chemin du désert de Gibeon ; mais loin de moi l'idée de répandre quelques gouttes de sang qui coulent encore dans tes veines. Il est vrai que tu es le captif de mon glaive et de ma lance ; mais comme tu peux sortir du mauvais chemin et entrer dans la voie droite si le Seigneur t'accorde du temps pour te repentir et te corriger, pourquoi ce temps serait-il abrégé par un pauvre pécheur, qui, à la vérité, n'est qu'un vermisseau comme toi ?

Sir Henry Lee était encore confondu, et hors d'état de répondre, quand on vit arriver un quatrième personnage, que les cris d'Alice avaient fait accourir. C'était Jocelin Joliffe, un des gardes du parc, qui, voyant où en étaient les choses, fit brandir son gros gourdin, arme qu'il ne quittait jamais, et lui ayant fait dessiner la forme d'un 8 au-dessus de sa tête, il allait le faire tomber comme la foudre sur le soldat si le chevalier ne l'eût arrêté.

— Il faut maintenant que nous portions le bâton baissé, Jocelin, lui dit-il ; le temps de le lever est passé. Il est inutile de vouloir lutter contre un roc. — Le diable a pris l'ascendant, et il nous donne nos esclaves pour maîtres.

En ce moment un autre auxiliaire sortit du fond du bois pour venir au secours du chevalier ; c'était le gros chien loup, dogue par sa forme et presque par sa légèreté. Bevis, dont nous avons déjà parlé, était la plus noble des créatures de son espèce qui aient jamais terrassé un cerf. Son poil était de la couleur de celui du lion ; il avait le museau noir, et ses pieds de même couleur étaient bordés tous quatre avec régularité d'une ligne blanche ; aussi docile que hardi et vigoureux, ces mots — A bas, Bévis ! — prononcés par son maître à l'instant où il allait s'élancer sur le soldat, changèrent ce lion en agneau. Au lieu de sauter sur lui, il tourna tout autour, le nez toujours dirigé de son côté, comme s'il eût employé toute sa sagacité pour découvrir qui était cet étranger que, malgré son apparence suspecte, il lui était enjoint de respecter. Il fut probablement satisfait, car il quitta son air menaçant, baissa les oreilles, rabattit son poil hérissé, et remua la queue.

Sir Henry, qui avait beaucoup d'égards pour la sagacité de son favori, dit à voix basse à Alice : — Bévis est de ton opinion; il me conseille de me soumettre. — Je reconnais ici le doigt de Dieu; il veut punir l'orgueil, qui a toujours été le défaut de notre maison.

— L'ami, continua-t-il en se tournant vers le soldat, tu viens de terminer une leçon que dix ans d'infortunes constantes n'avaient pas pu encore rendre complète. Tu m'as démontré ma folie; qui était de penser qu'une bonne cause peut donner de la force à un faible bras. Dieu me pardonne cette pensée, mais on serait tenté de renier sa foi et de croire que la bénédiction du ciel est toujours pour le plus fort. Les choses n'iront pas toujours ainsi; mais Dieu connaît son temps. Jocelin, ramasse ma rapière de Tolède, que tu vois par terre, et cherches-en le fourreau accroché à une branche d'arbre. — Ne tirez pas ainsi mon manteau, Alice, et n'ayez pas l'air d'être si effrayée; je vous promets que je ne me presserai pas désormais de mettre au jour ma rapière. — Quant à toi, brave homme, je te remercie, et je ferai place à tes maîtres sans autre dispute et sans cérémonie. Jocelin, qui est plus près que moi de ton rang, te mettra en possession de la Loge et de tout ce qui en dépend. — Joliffe, ne cherche à rien cacher; qu'ils aient tout.

Quant à moi, mes pieds ne passeront plus sur le seuil de la porte. — Mais où loger cette nuit ? je ne voudrais déranger personne à Woodstock..... Ah! oui, il faut que cela soit. — Jocelin, Alice et moi nous allons nous rendre dans ta chaumière, près de la fontaine de Rosemonde; tu nous donneras le couvert de ton toit, du moins pour une nuit. Tu nous feras bon accueil, n'est-il pas vrai? — Comment donc! — un front soucieux!

Il est certain que Jocelin paraissait embarrassé : il jeta d'abord un regard sur Alice, leva ensuite les yeux vers le ciel, les baissa vers la terre, les tourna successivement vers les quatre points cardinaux, et murmura enfin : — Bien certainement, sans contredit; — mais je voudrais y aller d'avance pour mettre la maison en bon ordre.

— En bon ordre! — Tout y sera en assez bon ordre pour des gens qui bientôt se trouveront peut-être heureux de coucher sur de la paille fraîche dans une grange. — Mais si tu ne te soucies pas de recevoir chez toi des personnes suspectes, des malveillans, comme on dit, parle franchement et n'en rougis pas. Il est vrai que tu étais en guenilles quand je t'ai pris à mon service; que je t'ai fait ensuite garde forestier, mais qu'importe? les marins ne songent au vent que lorsqu'il favorise leur voyage. Des gens plus élevés que toi ont changé avec la marée; pourquoi un pauvre diable tel que toi n'en ferait-il pas autant?

— Que Dieu pardonne à Votre Honneur de me juger si durement! La chaumière est à vous, telle qu'elle est, et il en serait de même si c'était le palais d'un roi, ce que je voudrais pour l'amour de Votre Honneur et de miss Alice. Seulement — seulement — je désirerais que vous me permissiez de prendre l'avance, dans le cas où il s'y trouverait quelque voisin, comme aussi pour — pour préparer tout ce qui peut être nécessaire à Votre Honneur et à miss Alice, et — enfin, pour mettre un peu d'ordre dans la maison, et faire que tout paraisse à sa place.

— Cela est parfaitement inutile, répondit le chevalier pendant qu'Alice avait la plus grande peine à cacher son agitation. Si ta maison est en désordre, elle n'en convient que mieux à un chevalier qui s'est laissé désarmer. Si rien n'y est à sa place, elle ressemble au reste du monde, où tout est bouleversé. Conduis cet homme à la Loge. Quel est ton nom, l'ami?

— Joseph Tomkins est mon nom suivant la chair, répondit le soldat. Les hommes m'appellent Joé l'Honnête ou Tomkins le Fidèle (1).

— Si ces noms sont mérités, dit sir Henry, tu es un vrai joyau, vu le métier que tu as fait ; et s'ils ne le sont pas, ne t'en inquiète pas, Joseph, car si tu n'es pas foncièrement honnête, tu n'en as que meilleure chance pour être estimé tel. Il y a long-temps que le nom et la chose sont allés de différens côtés. Adieu, et je dis également adieu au beau Woodstock.

A ces mots le vieux Cavalier se détourna, prit le bras de sa fille sous le sien, et ils s'enfoncèrent tous deux dans la forêt.

(1) *Tomkins the Trusty, Honest Joe.* — Éd.

CHAPITRE III.

« O vaillans fier-à-bras, qui, prenant pour théâtre
» Quelque vil cabaret tapissé par le plâtre,
» Célébrez les hauts faits de ce siècle maudit,
» Vantez des factions le désastreux conflit,
» Les périls que courut votre insigne vaillance,
» Et que sut éviter votre rare prudence
» Quand les balles sifflaient en passant près de vous,
» Et que vous combattiez ou pour ou contre nous ;
» C'est de vous que je parle. »

Légende du capitaine Jones.

Joseph Tomkins et le garde forestier Joliffe restèrent quelque temps en silence, les yeux fixés sur le sentier par lequel le chevalier de Ditchley et la jolie mistress Alice venaient de disparaître à travers les arbres. Ils se regardèrent ensuite l'un l'autre en hommes qui semblaient douter s'ils devaient se considérer comme amis ou comme ennemis, et qui ne savaient trop comment entamer la conversation. Ils entendirent le vieux Cavalier siffler pour appeler Bévis. Le chien tourna la tête et dressa les oreilles en entendant ce son bien connu ; mais il n'obéit pas au signal, et il continua à flairer les habits du soldat.

— Il faut que tu sois doué d'une science rare, dit Jocelin à sa nouvelle connaissance. J'ai entendu parler de gens qui possèdent des charmes pour voler à la fois les chiens et les daims.

— Ne t'inquiète pas de mes qualités, l'ami, répondit Tomkins ; mais songe à exécuter les ordres de ton maître.

Jocelin ne répondit pas sur-le-champ ; mais enfin, comme en signe de trève, il posa sur la terre le bout de son gourdin, et, s'y appuyant, dit d'un ton assez brusque : — Ainsi donc mon vieux maître et vous, vous étiez aux couteaux tirés, par manière d'office du soir, sire prédicateur ? Il est heureux pour vous que je ne sois pas arrivé pendant que les lames étaient croisées, car j'aurais sonné un fameux carillon sur votre tête.

— C'est toi qu'il faut en féliciter, l'ami, répondit l'indépendant avec une espèce de sourire amer, — car jamais carillonneur n'aurait été si bien payé de ses peines. — Au surplus, pourquoi y aurait-il guerre entre nous ? Pourquoi ma main s'élèverait-elle contre la tienne ? Tu n'es qu'un pauvre diable exécutant les ordres de ton maître, et je n'ai nulle envie que ton sang ou le mien coule dans cette affaire. Tu dois, à ce qu'il me semble, me mettre en possession paisible du palais de Woodstock, puisqu'on l'appelle ainsi, quoiqu'il n'y ait plus maintenant de palais en Angleterre, et qu'on ne doive plus y en voir à l'avenir jusqu'à ce que nous entrions dans celui de la nouvelle Jérusalem, et que le règne des saints commence sur la terre.

— Il est déjà joliment commencé, maître Tomkins, dit le garde forestier. — De la manière dont vont les choses, il ne s'en faut guère que vous ne soyez des rois. Je ne sais trop ce que sera votre Jérusalem; mais Woodstock est un joli nid pour débuter. — Eh bien ! voulez-vous marcher ? avancez-vous ? — Voulez-vous prendre saisine et délivrance ? — Vous avez entendu les ordres que j'ai reçus.

— Umph ! répliqua Tomkins, je ne sais trop que faire. — Je suis seul, et je dois me méfier des embuscades. — D'ailleurs, c'est aujourd'hui le jour fixé par le parlement, et reconnu par l'armée, pour de solennelles actions de graces ; — ensuite ce vieillard et cette jeune fille peuvent avoir à réclamer leurs vêtemens et quelques objets à leur usage personnel, et je ne voudrais pas que ma présence y mît obstacle. — C'est pourquoi, si tu veux me mettre en possession demain matin, cette formalité sera remplie en présence du détachement qui m'accompagne et du maire presbytérien, afin que tout se passe devant témoins, au lieu que, s'il n'y avait que toi pour me livrer possession et moi pour la recevoir, les enfans de Bélial pourraient dire : — Allez, allez, Tomkins le Fidèle a été un Édomite; Joé l'Honnête a été un Ismaélite, se levant de bonne heure pour partager les dépouilles avec ceux qui servaient l'*Homme*, — oui, ceux qui portent de longues barbes et des pourpoints verts, comme en souvenir de l'*Homme* et de son gouvernement.

Jocelin fixa ses yeux vifs et perçans sur le soldat pendant qu'il parlait ainsi, comme pour tâcher de découvrir s'il parlait de bonne foi. Enfonçant alors ses cinq doigts dans sa chevelure touffue, et se grattant la tête comme si cette opération eût été nécessaire pour le mettre en état de tirer une conclusion : — Tout cela est bel et bon, l'ami, lui dit-il ; mais je vous dirai clairement qu'il se trouve à la Loge quelques plats, quelques pots et quelques gobelets d'argent, échappés au déblaiement qui a envoyé à la fonte toute notre vaisselle, quand notre chevalier a voulu lever une compagnie. Or, si vous n'en prenez pas livraison sur-le-champ, je puis me trouver dans l'embarras, car on pourra croire que j'en aurai diminué le nombre, tandis qu'étant un aussi honnête garçon que —

— Qu'aucun voleur de daims qui ait jamais existé, dit Tomkins. — Continue ; — je te devais une interruption.

— Va-t'en au diable ! répliqua Jocelin ; s'il m'est arrivé par hasard d'abattre un daim qui se trouvait sur mon chemin, ce n'était point manque de probité ; c'était uniquement pour empêcher la casserole de ma vieille ménagère de se rouiller. Mais, quant à l'argenterie, comme plats, pots, etc., j'aurais avalé le métal fondu plutôt que d'en dérober un seul. Ainsi donc, je ne voudrais m'exposer en cette affaire à aucun blâme ni à aucun soupçon. Si vous désirez que je vous mette en possesion sur-le-champ, suivez-moi ; sinon, garantissez-moi de tout blâme.

— Fort bien ; mais qui m'en garantira moi-même, si l'on vient à soupçonner que quelque chose ait été soustraite ? Ce ne seraient pas les honorables commissaires pour qui ce domaine est à présent comme s'il leur appartenait. Nous devons donc, comme tu le dis, agir avec précautions dans cette affaire. Fermer les portes et nous en aller, ce serait une œuvre de simplicité. Mais si nous y passions tous deux la nuit? l'un de nous ne pourrait toucher à rien sans que l'autre le sût. Qu'en dis-tu?

— Quant à cela, il faudrait que je fusse déjà dans ma chaumière, afin de la mettre en état de recevoir sir Henry et mistress Alice; car ma vieille Jeanne est un peu sourde, et elle ne saura pas comment s'y prendre. Et cependant, pour dire la vérité, j'aimerais autant ne pas revoir mon maître cette nuit, car ce qui lui est arrivé aujourd'hui lui a échauffé la bile, et il y a gros à parier que ce qu'il trouvera dans ma hutte ne sera pas propre à le calmer.

— C'est bien dommage qu'un homme qui a l'air si grave et si vénérable soit un Cavalier, un malveillant, et que, comme le reste de cette génération de vipères, il se soit ceint les reins d'une habitude de jurer.

— Qu'il se soit fait un habit (1) de juremens, vous voulez dire, repartit Jocelin en riant d'un calembourg qui a été répété plus d'une fois depuis ce temps; qu'y voulez-vous faire? c'est une affaire de coutume. S'il vous arrivait à vous-même de vous trouver tout d'un coup, en personne, en face d'un mai orné de clochettes et de rubans, autour duquel une joyeuse jeunesse danserait au son de la flûte et du tambour, les garçons gambadant, les jeunes filles se trémoussant, et sautant de manière à vous laisser voir la jarretière écarlate qui attache leur bas bleu de ciel, je crois qu'un sentiment plus sociable l'emporterait même sur votre gravité, l'ami; vous jetteriez d'un côté ce grand chapeau de

---

(1) *Habit, habit, habitude*, jeu de mots difficile à rendre littéralement. — Éd.

cocu en forme de clocher, de l'autre cette longue rapière altérée de sang, et vous danseriez comme les fous de Hogs-Norton (1) quand les pourceaux jouent de l'orgue.

L'indépendant se tourna vers le garde forestier, et lui dit avec fierté : — Que veut dire ceci, M. Pourpoint Vert? Oses-tu tenir un pareil langage à un homme qui a mis la main à la charrue spirituelle? Je te conseille d'imposer un frein à ta langue, ou tes côtes s'en trouveront mal.

— Ne prends pas un ton si haut avec moi, mon frère, répondit Jocelin, souviens-toi que tu n'as plus affaire à un vieux chevalier de soixante-cinq ans, mais à un gaillard aussi actif et aussi vigoureux que toi, peut-être même un peu davantage; plus jeune, dans tous les cas. — Mais pourquoi prendre ainsi ombrage pour un mai? Je voudrais que tu eusses connu un certain Phil Hazeldin dans ce canton : c'était le meilleur danseur qu'on pût trouver entre Oxford et Burford.

— Tant pis pour lui, répondit l'indépendant; mais j'espère qu'il a reconnu l'erreur de ses voies, et qu'il s'est rendu (comme il le pouvait aisément, si c'était un homme doué d'activité) digne de figurer en meilleure compagnie que celle de rôdeurs de bois, de voleurs de daims, de filles Marianne (2), de rodomonts, de débauchés, de querelleurs, de farceurs, de baladins, de

---

(1) Village du comté d'Oxford, dont les habitans, en vertu de ce vieux proverbe, jouissent de la même réputation qu'avaient les Béotiens dans la Grèce. — Éd.

(2) Marianne était un des personnages de ces *danses moresques* qui représentaient l'histoire de Robin Hood et de sa compagnie.
Éd.

libertins crapuleux, de femmes légères, de fous, de joueurs de violon, et de créatures charnelles de toute espèce ne cherchant qu'à gratifier leurs sens....

— Fort bien, dit Jocelin; mais l'haleine vous a manqué à propos; car nous voici devant le fameux mai de Woodstock.

Ils s'arrêtèrent dans une grande prairie, formant une clairière entourée de toutes parts de grands chênes et de beaux sycomores. Un de ces arbres, qui semblait le roi de la forêt, s'élevait seul à quelque distance des autres, comme s'il n'eût pu souffrir le voisinage d'un rival. Ses branches desséchées étaient rabougries; mais son tronc antique attestait encore quelle avait été la taille gigantesque de ce monarque des forêts d'Angleterre.

— C'est cet arbre qu'on appelle le chêne du roi, dit le garde forestier. Les plus vieux habitans de Woodstock ne sauraient dire quel est son âge. On dit que Henry avait coutume de s'asseoir sous ses branches avec la belle Rosemonde, pour voir toute la jeunesse danser et se disputer les prix de la course et de la lutte, qui étaient des ceinturons et des bonnets.

— Je n'en doute nullement, l'ami; un tyran et une prostituée étaient dignes de présider à de telles vanités.

— Tu peux dire tout ce que tu voudras, pourvu que tu me laisses parler à ma guise. Voilà le mai, comme tu le vois, à une demi-portée de mousquet du chêne du roi, au milieu de la prairie. Le roi donnait tous les ans un arbre de la forêt et dix shillings pour en faire un nouveau; mais à présent tu le vois vermoulu, pourri, courbé comme une branche de ronce flétrie. On avait soin de bien tondre la prairie, et d'y passer le rouleau, de sorte qu'elle avait l'air d'un manteau de velours vert; mais à présent l'herbe y pousse inégalement, et personne ne songe à la faucher.

— Fort bien, fort bien, ami Jocelin, mais où trouver de l'édification dans tout cela? Quelle doctrine pouvait-on tirer d'une flûte et d'un tambour? Quelle leçon de sagesse peut donner une cornemuse?

— Tu peux le demander à de plus savans que moi; mais il me semble qu'on ne peut toujours être grave et avoir le chapeau enfoncé sur les yeux. Il est aussi naturel à une jeune fille de rire qu'à un bouton de fleur d'éclore, et un jeune homme ne l'en aimera que mieux pour cela; précisément comme c'est le même printemps qui fait chanter les petits oiseaux et gambader les jeunes faons. Mais le bon vieux temps est passé; le temps d'aujourd'hui ne le vaut pas. Je te dis que, dans les jours des fêtes que toi et les tiens vous avez supprimées, M. Longue-Épée, j'ai vu cette prairie couverte de jeunes filles joyeuses et de jeunes garçons satisfaits. Le bon vieux recteur lui-même ne croyait pas pécher en venant assister quelques instans à nos divertissemens, et l'habit qu'il portait nous maintenait dans l'ordre, et nous apprenait à retenir notre gaieté dans les bornes de la discrétion. Peut-être nous permettions-nous quelquefois une plaisanterie un peu saugrenue; peut-être nous laissions-nous aller à boire un coup de trop dans la coupe de l'amitié; mais tout cela c'était franche gaieté et bon voisinage. Oui, et si par hasard on jouait des poings, ou que les bâtons se missent de la partie, c'était de bonne amitié et sans rancune; quelques coups de gourdin après avoir bu valaient mieux que les coups de sabre qui ont été donnés avec sérieux et gravité depuis que le chapeau du presbytérien s'est élevé au-dessus de la mitre de l'évêque, et que nous avons changé nos bons recteurs et nos savans docteurs, dont les sermons étaient assaisonnés de tant de latin que le diable lui-même en aurait été confondu, pour des tisserands, des savetiers et d'autres volontaires prédicateurs comme — comme celui que nous avons entendu ce matin : il faut que cela m'échappe.

— Eh bien! l'ami, dit Tomkins avec une patience qu'on ne devait guère attendre de lui, si ma doctrine ne t'inspire que du dégoût, je ne te chercherai pas querelle pour cela. Ton oreille étant tellement chatouillée par le bruit du tambour et de la flûte, tes yeux si vivement épris de la danse, il n'est pas vraisemblable que tu puisses trouver une saveur agréable dans une nourriture plus simple et plus salutaire. Mais rendons-nous à la Loge, afin d'y terminer nos affaires avant le coucher du soleil.

— Sur ma foi, c'est aussi mon avis, et pour plus d'une raison; car il court sur la Loge des bruits qui font qu'on ne se soucie guère d'y rester après la chute du jour.

— Ce vieux chevalier et sa fille n'avaient-ils pas coutume d'y demeurer ? On me l'avait dit ainsi.

— On vous a dit la vérité ; et quand ils menaient un grand train, tout y allait assez bien ; car rien ne bannit la crainte comme la bonne ale. Mais quand la fleur de nos gens fut partie pour la guerre, et qu'ils eurent été tués dans la déroute de Naseby, ceux qui étaient restés trouvèrent la Loge bien solitaire, et le vieux chevalier fut abandonné par plusieurs de ses serviteurs; car ma foi ! il peut se faire que depuis un temps l'argent lui ait manqué pour payer palefreniers et laquais.

— Puissante raison pour la diminution d'une maison !

— Sans doute, monsieur, sans doute. Alors on parla d'un bruit de pas qu'on entendait à minuit dans la grande galerie; de voix qui chuchotaient à midi dans les appartemens d'apparat, et les domestiques prétendaient que tout cela les effrayait et les forçait à demander leur congé. Mais, suivant mon pauvre jugement, quand la Saint-Martin et puis la Pentecôte arrivèrent sans qu'il fût question des gages, les livrées bleues commencèrent à penser qu'ils feraient bien de chercher un gîte ailleurs avant que le froid vînt les geler. — Il n'y a pas de diable plus effrayant que celui qui danse dans la poche, lorsqu'il ne s'y trouve pas une pièce de monnaie marquée d'une croix pour l'en chasser.

— Et vous fûtes alors réduits à un petit nombre de domestiques ?

— Comme vous dites ; et cependant nous restâmes encore une dizaine, tant des livrées bleues de la Loge que des chenilles vertes du parc, dont fait partie votre serviteur; de sorte que nous continuâmes à y vivre jusqu'à un beau matin que nous reçûmes ordre de faire un tour de promenade, n'importe de quel côté.

— Du côté de la ville de Worcester, sans doute, où vous fûtes écrasés comme des vers de terre que vous êtes.

— Vous pouvez dire ce qu'il vous plaira; je ne contredirai jamais un homme qui a ma tête sous son ceinturon. Nous sommes au pied du mur, sans quoi vous ne seriez pas ici.

— Bien, l'ami, dit l'indépendant; tu ne risques rien en me parlant avec confiance et liberté. Je puis être bon camarade d'un bon soldat, même après l'avoir combattu jusqu'au coucher du soleil. — Mais nous voici en face de la Loge (1).

Ils s'arrêtèrent devant le vieux bâtiment gothique, construit irrégulièrement, et à différentes époques, suivant que le caprice des monarques anglais les portait à venir se livrer aux plaisirs de la chasse à Woodstock, et à faire à la Loge les augmentations qu'exigeait le luxe croissant de chaque siècle. La partie la plus ancienne de l'édifice avait été nommée par tradition la Tour de la belle Rosemonde. C'était une petite tourelle très-élevée, éclairée par d'étroites fenêtres, et dont les murs étaient d'une rare épaisseur. Cette tourelle n'avait pas d'ouverture au rez-de-chaussée, et n'offrait aucune issue, étant construite en maçonnerie solide jusqu'à certaine hauteur : on ne pouvait y pénétrer, disait encore la tradition, que par le moyen d'une espèce de pont-levis qu'on jetait d'une petite porte pratiquée près du sommet de cette tour, sur la plate-forme d'une autre tour de semblable construction, à peu de distance, mais à vingt pieds plus bas environ, et qui ne contenait qu'un escalier tournant qu'on appelait à Woodstock l'Échelle de l'Amour, parce que, disait-on, c'était en

(1) Il y a dans tout le dialogue qui précède, et on retrouve dans le cours de *Woodstock*, une phraséologie un peu prétentieuse, qui pourrait être critiquée avec raison comme trop éloignée du *naturel*; mais l'auteur s'est évidemment inspiré dans cet ouvrage du langage de Shakspeare et de celui de Butler, où l'on remarque cette *étrangeté*, cachet de l'époque, et reste des argulies et du style un peu pédant du roi Jacques Ier. — Éd.

montant par cet escalier, et en se servant du pont-levis, que Henry arrivait dans l'appartement de sa maitresse.

Cette tradition avait été vivement contestée par le docteur Rochecliffe, dernier recteur de Woodstock, qui prétendait que ce qu'on appelait la Tour de la belle Rosemonde n'était autre chose qu'une citadelle intérieure, dans laquelle le seigneur ou le gouverneur du château pouvait se retirer quand les autres points de sûreté lui auraient manqué, et où il pouvait prolonger sa défense, ou du moins se faire accorder une capitulation raisonnable. Les habitans de Woodstock, attachés à leur ancienne tradition, ne goûtaient pas cette explication nouvelle qui la mettait au rang des fables; et l'on dit même que le maire, dont nous avons déjà parlé, s'était fait presbytérien pour se venger des doutes que le recteur avait jetés sur cet important sujet, aimant mieux abandonner la liturgie de l'Église anglicane que sa croyance à la Tour de la belle Rosemonde, et à l'Échelle de l'Amour.

Le reste de la Loge était d'une étendue considérable et de différens siècles, comprenant un labyrinthe de petites cours, entourées de bâtimens communiquant les uns aux autres, tantôt par les angles, tantôt en traversant les cours, et quelquefois de l'une et l'autre manière. La hauteur inégale des diverses parties du bâtiment annonçait que la communication ne pouvait avoir lieu que par cette multiplicité d'escaliers, qui, construits, disait-on, dans ce seul but, exerçaient la patience de nos ancêtres dans le seizième siècle et à une époque encore plus reculée.

Les façades variées de cet édifice irrégulier étaient,

comme le docteur Rochecliffe avait coutume de le dire, un véritable *banquet* pour l'amateur d'architecture antique; car elles offraient certainement des modèles de tous les styles, depuis le pur Normand de Henry d'Anjou jusqu'au Composite moitié gothique, moitié classique, d'Élisabeth et de son successeur. En conséquence le recteur était aussi épris de Woodstock que Henry l'avait jamais été de la belle Rosemonde; et comme son intimité avec sir Henry Lee lui donnait libre entrée en tout temps dans la Loge, il y passait des jours entiers à en parcourir les antiques appartemens, examinant, mesurant, étudiant, et commentant avec science des bizarreries d'architecture qui ne devaient probablement leur existence qu'à l'imagination fantasque d'un artiste gothique.

Mais le vieil antiquaire avait été expulsé de son bénéfice par l'intolérance et les troubles du temps; et son successeur Nehemiah Holdenough, s'il se fût livré à l'examen de l'architecture et des sculptures profanes du papisme, ou s'il avait donné un instant à l'histoire des amours impudiques des anciens monarques normands, se serait regardé à peu près aussi coupable que l'Israélite prosterné devant les veaux de Béthel, ou buvant dans la coupe des abominations. — Mais reprenons la suite de notre histoire.

Quand l'indépendant Tomkins eut examiné avec attention la façade du bâtiment, — Je vois, dit-il, un monument remarquable de l'iniquité dans ce qu'on appelle si mal à propos la Loge royale. Que j'aurai de plaisir à la voir renverser, brûler, réduire en cendres! oui, et les cendres jetées dans le ruisseau de Cédron, ou dans tout autre, afin que le terrain soit purifié, et que les habitans puissent oublier l'impiété des péchés de leurs pères.

Le garde forestier l'écoutait avec une indignation secrète ; et il commençait à se demander à lui-même si, se trouvant seul à seul et sans apparence d'interruption, il n'entrait pas dans les devoirs de sa charge de châtier un rebelle qui proférait de tels discours. Mais il se rappela heureusement que l'événement du combat serait douteux, — que l'avantage des armes était contre lui, et que, quand même il serait victorieux, il n'en courrait pas moins de grands risques ensuite. Il faut convenir aussi que l'indépendant offrait dans ses manières et sa personne quelque chose de si sombre et de si mystérieux, de si grave et de si sévère, que l'esprit plus ouvert de Jocelin se trouvait à la gêne devant lui, et s'il n'était pas en proie à la crainte, il était du moins agité par l'irrésolution. Enfin il pensa que le parti le plus sage et le plus sûr, tant pour lui que pour son maître, était d'éviter toute occasion de querelle, et de tâcher de mieux savoir à qui il avait affaire avant de se déclarer son ami ou son ennemi.

La grande porte de la Loge était fermée par de bons verrous ; mais Jocelin n'eut qu'un loquet à pousser pour en ouvrir le guichet. Ils se trouvèrent alors dans un passage d'environ dix pieds de longueur, dont l'autre extrémité était autrefois fermée par une herse percée de trois meurtrières de chaque côté. On pouvait jadis tenir là en respect l'ennemi audacieux qui se serait emparé de la première porte, et qui, en voulant forcer la seconde, se fût exposé au feu des assiégés. Mais les ressorts qui faisaient jouer la herse avaient été soudés par la rouille, et elle restait suspendue, garnie de pointes de fer menaçantes, mais hors d'état d'opposer le moindre obstacle aux progrès d'un ennemi.

Le chemin était ouvert jusqu'au grand vestibule extérieur de la Loge. Une des extrémités de ce long et sombre appartement était entièrement occupée par une galerie destinée autrefois à placer des musiciens et des ménestrels. De chaque côté était un escalier grossièrement construit, dont chaque marche était formée par un tronc d'arbre équarri, d'un pied carré environ. A droite et à gauche de la première marche de chacun de ces escaliers était, en guise de sentinelle, une statue représentant un fantassin normand, ayant un casque ouvert, qui laissait voir des traits aussi menaçans que le génie du sculpteur avait pu les rendre. Ils étaient revêtus de justaucorps de buffle ou de cottes de mailles, portaient des boucliers ronds, et ils avaient les pieds et les jambes couverts d'une espèce de brodequins qui laissaient le genou à découvert. Ces guerriers de bois tenaient en main de grandes épées ou des masses d'armes comme des soldats en faction. Un grand nombre de crochets et et de crampons enfoncés dans les murs de cet appartement ténébreux ne servaient plus qu'à indiquer les endroits où étaient autrefois suspendues des armes conservées long-temps comme des trophées, mais auxquelles on avait eu recours récemment pour armer des soldats dans une occasion pressante, comme dans un extrême péril les vétérans sont quelquefois rappelés au secours de leur vieux drapeau. Les murailles étaient pourtant encore ornées des trophées de chasse des monarques auxquels la Loge avait successivement appartenu, et des chevaliers qui en avaient été tour à tour les gardiens.

Au bout du vestibule une énorme cheminée en pierre

s'avançait de dix pieds dans la salle, et était ornée des chiffres et des armoiries de la maison royale d'Angleterre. Dans son état actuel, elle ressemblait à l'entrée d'un caveau funéraire, ou peut-être pourrait-on la comparer au cratère d'un volcan éteint. Mais la couleur d'ébène des pierres massives prouvait qu'il avait été un temps où elle avait envoyé des volumes de flamme le long de son vaste tuyau, et vomi des tourbillons de fumée qui formaient un dais sur la tête des joyeux convives, que leur sang noble ou royal ne rendait pas sensibles à ce léger inconvénient.

La tradition disait que, dans ces grandes occasions, deux charretées de bois formaient la provision nécessaire pour entretenir le feu depuis midi jusqu'à ce qu'on sonnât le couvre-feu; et les chenets, ou, comme on les nommait alors, les chiens destinés à soutenir le bois placé dans le foyer, étaient des lions d'une taille si gigantesque, qu'ils semblaient attester la vérité de cette légende. Sous le manteau de la cheminée, de longs bancs de pierre étaient placés des deux côtés, et en dépit d'une chaleur étouffante, les monarques eux-mêmes, dit-on, y prenaient quelquefois place, et s'amusaient à faire griller de leurs mains royales sur des charbons ardens les nombles et les daintiers du cerf qu'ils avaient forcé. La tradition était encore prête à rapporter ici les plaisanteries joyeuses qui avaient pu avoir lieu entre le prince et les pairs, lors du fameux banquet de la Saint-Michel; elle montrait l'endroit précis où le roi Etienne s'était assis pour raccommoder lui-même son bas royal, et racontait les tours qu'il avait joués au petit Winkin, tailleur à Woodstock.

La plupart de ces plaisirs, qui se ressentaient un peu

de la grossièreté du temps, appartenaient aux siècles des Plantagenet. Lorsque la maison de Tudor monta sur le trône, les rois furent moins prodigues de leur personne; leurs festins eurent lieu dans des appartemens intérieurs, et le vestibule fut abandonné à leurs gardes, qui y restaient en faction, passaient la nuit à se réjouir, et variaient leurs plaisirs par des récits d'apparitions et de contes de sorciers; ces récits faisaient quelquefois pâlir des hommes pour qui le son des trompettes d'une armée française aurait été aussi agréable que celui des cors de chasse qui les aurait appelés dans la forêt.

Jocelin fit à son compagnon le détail de toutes ces particularités un peu plus brièvement que nous ne l'avons fait à nos lecteurs. L'indépendant sembla l'écouter quelque temps avec une sorte d'intérêt; mais enfin, l'interrompant tout à coup, il s'écria d'un ton solennel:
— Péris! Babylone, comme ton maître Nabuchodonosor a péri. Il est errant maintenant, et tu deviendras toi-même un lieu de dévastation, une solitude, un désert semé de sel, où il n'y aura que soif et famine.

— Il est assez probable que nous les y trouverons toutes deux ce soir, dit Jocelin, à moins que le garde-manger du bon chevalier ne soit mieux garni que de coutume.

— Nous devons songer aux besoins de la nature, répondit Tomkins, mais en temps convenable, quand nous nous serons acquittés de notre devoir.— Où conduisent ces portes?

— Celle qui est à droite, répondit le garde forestier, conduit à ce qu'on appelle les grands appartemens, qui n'ont pas été occupés depuis l'année 1639, que sa majesté le bienheureux roi Charles. —

— Comment, drôle! s'écria l'indépendant d'une voix de tonnerre; — oses-tu bien donner à Charles Stuart le titre de bienheureux? — Souviens-toi de la proclamation à ce sujet.

— Je n'ai pas eu de mauvaises intentions, répliqua Jocelin réprimant l'envie qu'il avait de faire une toute autre réponse. — Je ne me connais pas en titres et en affaires d'état comme en daims et en arbalètes; mais quoi qu'il ait pu arriver depuis ce temps, ce pauvre roi reçut à cette époque assez de bénédictions à Woodstock, car il y laissa plein son gant de pièces d'or pour les pauvres de la ville.

— Paix, l'ami, ou je croirai que tu es un de ces imbéciles et aveugles papistes qui s'imaginent que quelques aumônes peuvent les laver des souillures qu'ont fait contracter à leurs ames leurs actes d'oppression et d'iniquité. — Tu dis donc que c'est de ce côté qu'étaient les appartemens de Charles Stuart?

— Et de son père Jacques avant lui, et d'Élisabeth auparavant, et du roi Henry, qui a bâti cette aile avant tous les autres.

— Et sans doute, c'est là que le chevalier et sa fille demeuraient?

— Non, non; sir Henry Lee avait trop de respect pour — pour les choses qu'on regarde aujourd'hui comme n'en méritant aucun. D'ailleurs les grands appartemens n'ont pas été aérés depuis bien des années, et ils ne sont pas en très-bon état. C'est la porte à gauche qui conduit à l'appartement du chevalier.

— Et où conduit cet escalier qui semble monter et descendre?

— En montant, il conduit à divers appartemens, et entre autres aux chambres à coucher. En descendant, il mène aux cuisines, aux offices et aux caves du château, où vous ne pourriez aller à cette heure sans lumière.

— En ce cas nous nous rendrons dans les appartemens de votre maître. Y trouve-t-on de quoi se loger convenablement?

— Il s'y trouve l'ameublement dont s'est contenté un homme de condition, mal logé en ce moment, répondit l'honnête garde forestier, dont la bile était tellement échauffée, qu'il ajouta en baissant la voix de manière à être entendu à demi, — et par conséquent il est assez bon pour un coquin de Tête-Ronde comme toi.

Cependant il conduisit l'indépendant dans l'appartement de sir Henry.

On y arrivait par un passage, fermé par deux portes massives en chêne, qu'on pouvait barricader au besoin par d'énormes barres de même bois, appuyées le long de la muraille, et dont les bouts pouvaient entrer dans des trous pratiqués à cet effet de chaque côté dans les murs. Après ce corridor ils trouvèrent une petite antichambre, et ensuite le salon du chevalier, qu'on aurait pu nommer, dans le langage du temps, un beau salon d'été. Il était éclairé par deux croisées en saillie placées de manière que chacune d'elles donnait sur une avenue différente, conduisant dans la forêt. A l'exception de deux ou trois portraits de famille qui n'offraient qu'un intérêt secondaire, le principal ornement de cette salle était un grand portrait en pied, suspendu au-dessus de la cheminée, qui était de pierre, comme celle du vestibule, et ornée de sculptures, de devises et d'armoiries.

Ce portrait était celui d'un homme d'environ cinquante ans, armé de pied en cap, et l'on y remarquait la manière sèche et dure d'Holbein. Peut-être même avait-il été peint par cet artiste, et les dates permettaient cette supposition. Les angles, les pointes et la surface raboteuse de l'armure formaient un excellent sujet pour cette vieille école. L'affaiblissement du coloris avait rendu la figure du chevalier pâle et sombre, comme celle d'un habitant de l'autre monde; cependant ses traits avaient encore une forte expression d'orgueil et de joie; il tenait son bâton de commandement étendu vers l'arrière-plan, où l'on voyait en perspective, — autant que l'artiste avait pu en peindre les effets, — les débris d'une église ou d'un monastère en proie aux flammes, et quatre ou cinq soldats en uniforme rouge, emportant en triomphe un grand vase de bronze qu'on pouvait prendre pour un lavoir ou pour des fonts baptismaux, et au-dessus de la tête desquels on pouvait encore lire, *Lee Victor sic voluit*. En face de ce portrait, dans une niche pratiquée dans la muraille, était une armure complète, dont tous les ornemens étaient exactement semblables à ceux que le tableau offrait aux yeux. — C'était un de ces portraits dont les traits et l'expression ont quelque chose de prononcé qui attire l'attention même des ignorans en peinture. L'indépendant le regarda, et un sourire effaça un instant les rides sévères de son front. Souriait-il de plaisir en voyant un ancien chevalier occupé à brûler et à piller une maison religieuse, occupation qui avait beaucoup de rapport avec les usages de sa propre secte? était-ce mépris pour la touche dure et sèche du vieux peintre, ou parce que la vue de ce portrait remarquable réveillait en lui d'autres idées? c'est ce que le garde forestier ne pouvait décider.

Quoi qu'il en soit, ce sourire ne dura qu'un instant, et le soldat s'approcha des croisées, dont les embrasures s'avançaient à deux pieds au-delà du mur. Dans l'une était un pupitre en bois de noyer, et un grand fauteuil rembourré, couvert de cuir d'Espagne. Une petite commode était à côté, et, quelques-uns des tiroirs en étant ouverts, on y voyait des sonnettes pour les faucons, des sifflets pour rappeler les chiens, divers instrumens pour nettoyer les plumes des oiseaux de chasse, des mors de différentes espèces, et d'autres bagatelles à l'usage d'un chasseur.

La seconde embrasure était meublée différemment. Sur une petite table étaient placés quelques ouvrages d'aiguille, un luth et un livre de musique : on y voyait aussi un métier à broder. Une tapisserie tendue sur les murs de cette espèce de petit cabinet annonçait plus de recherche que dans le reste de l'appartement, et l'arrangement de quelques pots de fleurs de la saison prouvait que le goût d'une femme y avait présidé.

Tomkins jeta un regard indifférent sur ces objets d'occupations féminines, et, s'approchant de l'autre croisée, il se mit à tourner, avec une apparence d'intérêt, les feuilles d'un in-folio laissé ouvert sur le pupitre. Jocelin, qui avait résolu d'examiner tous ses mouvemens sans les gêner en rien, restait en silence à quelque distance, quand une porte couverte de tapisserie s'ouvrit tout à coup, et une jeune et jolie villageoise entra d'un pas léger, une serviette à la main, comme si elle eût été occupée à remplir quelque fonction domestique.

— Comment, Sire Impudence! dit-elle à Jocelin d'un ton égrillard; — qui vous rend assez hardi pour entrer dans cet appartement en l'absence du maître?

Mais, au lieu de la réponse qu'elle attendait peut-être, Jocelin jeta un regard douloureux vers le soldat qui était dans l'embrasure d'une des croisées, comme pour lui faire mieux comprendre ce qu'il allait lui dire.

— Hélas! ma jolie Phœbé, lui dit-il à demi-voix et avec un ton d'accablement; — il y a ici des gens qui ont plus de droits et de pouvoir qu'aucun de nous, et qui feront peu de cérémonie pour y venir quand bon leur semblera, et y rester tant qu'il leur plaira.

Jocelin jeta un autre regard sur Tomkins, qui semblait toujours occupé du livre ouvert devant lui, et il s'avança tout près de la jeune fille étonnée, qui continuait à regarder alternativement le garde forestier et l'étranger, comme si elle n'eût pu comprendre pourquoi le premier lui parlait ainsi, et pourquoi l'autre se trouvait en ce lieu.

— Partez, ma chère Phœbé, lui dit Joliffe en approchant la bouche si près de sa joue que son haleine agitait les boucles de cheveux de la jeune fille; — courez aussi vite qu'un faon à ma chaumière; je vous rejoindrai bientôt, et.....

— En vérité! à votre chaumière! dit Phœbé en l'interrompant;..... vous êtes assez hardi pour un homme qui n'a jamais fait peur qu'à quelques pauvres daims!...

Moi, aller dans votre chaumière! cela est fort probable, en vérité !

— Chut, Phœbé! dit Jocelin ; silence! ce n'est pas le moment de plaisanter. Je vous dis de courir à ma chaumière avec la légèreté d'un cerf. Vous y trouverez notre vieux maître et notre jeune maîtresse, et je crains bien qu'ils ne reviennent jamais ici. — Tout est à vau-l'eau, ma chère; le mauvais temps est arrivé comme une tempête. — Nous sommes chassés et aux abois !

— Cela est-il bien possible, Jocelin ? demanda la pauvre fille tournant vers lui ses yeux où était peint l'effroi, et qu'elle lui avait cachés jusqu'alors par un intérêt de coquetterie villageoise.

— Cela est aussi certain, ma chère Phœbé, qu'il est sûr que..... — Le reste de la phrase se perdit dans l'oreille de Phœbé, tant les lèvres de Joliffe en devinrent voisines; et, si elles touchèrent ses joues, le chagrin a ses privilèges comme l'impatience, et la pauvre fille avait des sujets d'alarmes assez sérieux pour ne pas s'effaroucher d'une semblable bagatelle.

Mais le contact des lèvres du garde forestier avec la jolie joue de Phœbé, quoique un peu brunie par le soleil, n'était pas une bagatelle aux yeux de l'indépendant, qui, tout à l'heure l'objet de la vigilance inquiète de Jocelin, avait joué à son tour le rôle d'observateur dès que la scène avec la jeune fille avait commencé à devenir intéressante. Quand il vit Joliffe en venir là, il éleva la voix avec un aigre sifflement, comparable au bruit que font les dents d'une scie : à ce bruit, Jocelin et Phœbé sautèrent à six pieds de distance l'un de l'autre ; et, si Cupidon était de la partie, il dut s'envoler par la fenêtre, comme un canard sauvage fuyant une coulevrine.

Prenant aussitôt l'attitude d'un prédicateur qui va tonner contre le vice : — Comment ! s'écria-t-il, impudens et déhontés que vous êtes ! Quoi ! des caresses lascives et impudiques en notre présence !... Quoi ! la vue d'un mandataire des commissaires de la haute cour du parlement ne vous inspire-t-elle pas plus de retenue que si vous étiez dans quelque baraque impure d'une foire, ou au milieu des sons profanes d'une salle de danse, que d'infames ménétriers font retentir du bruit de leurs instrumens impies, en chantant pour s'accompagner : — *Baisez-vous bien tendrement ; le ménétrier est aveugle* (1).

— Mais, ajouta-t-il en donnant un grand coup de poing au volume ouvert devant lui, — voilà le roi et le grand-maître de tous les vices et de toutes les folies. — Voilà celui que les hommes charnels appellent le miracle de la nature. — Voilà l'auteur qui fait les délices des princes, et que les filles d'honneur placent sous leurs oreillers. — Voilà celui qui enseigne de belles phrases où l'on ne trouve que fadaises et vanités.—C'est toi, ajouta-t-il en accompagnant ces paroles d'un second coup de poing (ô membres révérends du club de Roxburgh (2), ô membres chéris de celui de Bannatyne,

---

(1) C'est le refrain d'un air de ronde :

> Baisez, baisez-vous bien,
> Le ménétrier n'y voit goutte ;
> Baisez, baisez-vous bien,
> Le ménétrier n'en voit rien.

(2) Club fondé par le duc de Roxburgh, grand bibliomane. — Éd.

c'était le premier in-folio, — c'était Hemmings et Condel, c'était l'*editio princeps*); c'est toi, toi, William Shakspeare, que j'accuse de toutes les taches dont la fainéantise, la folie, l'impureté et la débauche ont souillé le pays depuis le premier jour que tu as commencé à écrire.

— Par la messe! s'écria Jocelin, dont le caractère franc et hardi ne put se modérer plus long-temps, c'est une lourde accusation. Par la morbleu! Will de Stratford, le favori de notre maître, doit-il être responsable du plus petit baiser qui ait été dérobé depuis le règne du roi Jacques? C'est un compte qui serait difficile à rendre sur ma foi. Mais je voudrais bien savoir qui répondra de tout ce qu'on a pu faire avant lui.

— Ne plaisante pas, répondit le soldat, de peur qu'écoutant la voix intérieure qui me parle je ne te châtie comme un mauvais plaisant. Je te dis en vérité que, depuis que Satan a été précipité du ciel, il n'a pas manqué d'agent sur la terre; mais il n'a trouvé nulle part un sorcier exerçant un pouvoir aussi complet sur l'esprit des hommes que ce détestable empoisonneur, ce Shakspeare. — Une femme a-t-elle besoin d'un exemple d'adultère, il le lui offre. — Un homme veut-il apprendre à son semblable à devenir un meurtrier, il lui donne des leçons d'homicide. — Une jeune fille veut-elle épouser un nègre païen, il fournit sa justification. — Voulez-vous blasphémer le créateur, vous trouverez dans son livre des formules de blasphèmes. — Voulez-vous défier votre frère selon la chair, il vous donnera le modèle du cartel. — Voulez-vous vous enivrer, Shakspeare vous présentera la coupe. — Voulez-vous vous plonger dans les plaisirs des sens, il vous excitera à vous y livrer par les sons lascifs du luth. Oui, je dis que ce livre est l'origine et la source de tous les maux qui ont couvert ce pays comme un torrent ; que c'est lui qui a rendu les hommes jureurs, blasphémateurs, impies, renégats, meurtriers, ivrognes, coureurs de mauvais lieux, et aimant les longues séances du soir autour des pots de vin. Oubliez-le, Anglais, oubliez-le ! qu'il tombe dans le Tophet avec son abominable livre, et que ses ossemens maudits soient calcinés dans la vallée d'Hinnon. Si notre marche n'avait pas été si rapide, lorsque nous traversâmes Stratford en 1643, sous les ordres de sir William Waller; si notre marche, dis-je, n'avait pas été si rapide....

— Parce que le prince Rupert était à vos trousses avec sa cavalerie, murmura l'incorrigible Jocelin.

— Je vous dis, continua le soldat enthousiaste en élevant la voix et en étendant le bras, que, si notre marche n'avait pas été si rapide, parce que nous en avions reçu l'ordre; et, si nous n'avions pas marché en corps serré, comme il convient à des soldats, sans que personne songeât à s'écarter de côté et d'autre, chacun allant en droite ligne devant soi, j'aurais arraché les os de ce précepteur du vice et de la débauche du tombeau qui les renferme, et je les aurais jetés sur le premier fumier, pour que sa mémoire devînt un objet de mépris, de dérision et de sifflets.

— Voilà ce qu'il a dit de plus piquant jusqu'ici, dit le garde forestier ; le pauvre Will aurait été plus sensible aux sifflets qu'à tout le reste.

— Parlera-t-il encore ? lui demanda Phœbé à voix basse ; en vérité, il fait de beaux discours, et je voudrais bien savoir ce qu'ils veulent dire. Mais c'est un grand bonheur que notre vieux maître ne l'ait pas vu battre ainsi son livre. Merci du ciel! il y aurait eu du sang de répandu. Mais voyez donc quelle grimace il fait! Croyez-vous qu'il souffre d'une colique, Jocelin? Lui offrirai-je un verre d'eau-de-vie?

— Silence, Phœbé, silence! il charge ses canons pour tirer une autre bordée; et, pendant qu'il montre ainsi le blanc de ses yeux, qu'il se détraque la figure par ses contorsions, qu'il serre les poings et qu'il frappe du pied, il ne peut faire attention à rien. — Je suis sûr que je lui couperais la bourse, s'il en avait une, sans qu'il s'en aperçût.

— La, Jocelin! — Mais, s'il reste ici, et qu'il soit toujours de même, j'ose dire qu'il ne sera pas difficile à servir.

— Ne vous en inquiétez pas; mais dites-moi tout bas et bien vite ce qui se trouve dans le garde-manger.

— Pas grand'chose en vérité..... Un chapon froid, et quelques fruits confits; le reste du grand pâté de venaison, bien épicé, et deux petits pains; voilà tout.

— Eh bien! cela suffira dans un moment pressant... Couvrez d'un bon manteau votre joli sein; mettez dans un panier une couple d'assiettes et de serviettes, car il n'y en a pas grande provision là-bas; emportez le chapon, les petits pains et les fruits confits: le pâté sera pour le soldat et pour moi, et la croûte nous servira de pain.

— Admirablement! c'est moi qui l'ai faite..... Elle est aussi épaisse que les murs de la tour de la belle Rosemonde.

— Et nos mâchoires auront quelque peine à les entamer. — Mais qu'y a-t-il à boire?

— Une bouteille de vin d'Alicante, une de vin du Rhin, et la cruche d'eau-de-vie.

— Mets les deux bouteilles dans ton panier ; il ne faut pas que notre chevalier manque de vin ce soir ; allons, pars, et file vers la chaumière comme un vanneau. Voilà de quoi souper aujourd'hui, et quant à demain — demain est un autre jour. — Ah ! de par le ciel ! j'ai cru que les yeux du soldat se fixaient sur nous ; mais non, il ne fait que les rouler dans ses méditations — des méditations profondes, sans doute ; ces gens-là n'en font pas d'autres. Mais, de par le diable ! quelque profond qu'il soit, je réussirai à le sonder. — Eh bien ! es-tu partie ?

Mais Phœbé était une coquette de village, et, sachant que Jocelin se trouvait dans une situation qui ne lui permettait pas de profiter de l'occasion qu'elle lui offrait malignement, elle lui dit à l'oreille à voix basse : — Croyez-vous que Shakspeare, le favori de notre vieux maître, soit véritablement coupable de tout ce que lui reproche ce soldat ?

Elle partit comme un trait en achevant ces mots, tandis que Joliffe, levant un doigt en l'air, la menaçait de se venger plus tard, et murmurait à demi-voix : — Va, Phœbé Mayflower, va ; jamais jeune fille n'a foulé le gazon du parc de Woodstock d'un pied plus léger et avec un cœur plus ingénu..... Suis-la, Bévis, et escorte-la à la chaumière, où est notre maître.

Le grand lévrier se leva comme un domestique qui aurait reçu un ordre, et suivant Phœbé dans le vestibule il lui lécha la main comme pour l'avertir qu'il était là ; il se mit ensuite au petit trot pour suivre le pas léger de celle dont Jocelin n'avait pas vanté l'agilité sans raison. — Mais tandis que Phœbé et son fidèle garde traversent la forêt, nous retournerons à la Loge.

L'indépendant tressaillit enfin, comme s'il fût sorti d'une profonde rêverie.

— Cette jeune femme est-elle partie? demanda-t-il.

— Sans doute, répondit Jocelin; et si vous avez quelques ordres à donner, il faut vous contenter de mes services.

— Des ordres! — Umph! — Elle aurait bien pu attendre une autre exhortation. — Je déclare que mon esprit s'occupait de son édification.

— Oh! elle sera à l'église dimanche prochain; et, si votre révérence militaire prêche encore, elle profitera de votre doctrine avec le reste de la congrégation. Mais les jeunes filles de ce canton n'écoutent pas les homélies en tête à tête. — Et quel est maintenant votre bon plaisir? voulez-vous visiter les autres appartemens? vous ferai-je voir le peu de vaisselle d'argent qui reste ici?

— Umph! — Non. Il est déjà tard; il fait presque nuit; tu peux sans doute me procurer un lit?

— Un meilleur que vous n'en avez jamais eu.

— Et du feu, de la lumière, et quelque chose pour soutenir la faiblesse de la chair?

— Sans doute, sans doute, répondit le garde forestier montrant beaucoup d'empressement à satisfaire cet important personnage.

En quelques minutes un grand chandelier fut placé sur une table de bois de chêne. Le grand pâté de venaison, orné de persil, y fut posé sur une nappe blanche; la cruche d'eau-de-vie et un pot de bonne ale y occupèrent aussi une place. Le soldat s'assit alors dans un grand fauteuil pour commencer à souper, et à son invitation Jocelin se mit aussi à table sur un tabouret. Nous les laissons, quant à présent, livrés à cette occupation agréable.

CHAPITRE IV.

> « Ce sentier de gazon
> » Conduit en serpentant sous un beau pavillon ;
> » Ton pied si délicat peut y marcher sans crainte ;
> » D'un caillou raboteux ne crains donc pas l'atteinte.
> » Tu seras à l'abri de la pluie et du vent ;
> » — Mais est-ce dans ce lieu que le Devoir t'attend ?
> » Non, il est sur ce roc. D'amarantes ornée
> » Ne vois-tu pas vers toi sa baguette tournée ?
> » C'est là qu'il faut gravir ; pour cela, que ta tête
> » Apprenne à supporter l'effort de la tempête.
> » Il te faudra souffrir le froid, le chaud, la faim ;
> » Mais il te guidera dans ce noble chemin.
> » Lorsque sur le sommet tu seras assurée,
> » Tu te croiras alors enfant de l'empyrée ;
> » La terre et tous ses biens sous tes pieds étendus,
> » Perdant tous les attraits, de leur grandeur déchus,
> » Ne te paraîtront plus qu'un néant méprisable. »
>
> *Anonyme.*

Le lecteur ne peut avoir oublié qu'après son combat avec le soldat de la république, sir Henry Lee était parti avec sa fille pour aller chercher un abri dans la chaumière du vigoureux garde forestier Jocelin Joliffe.

Ils marchaient à pas lents, comme auparavant; car le vieux chevalier était doublement accablé par l'idée de voir les derniers restes de la royauté tomber entre les mains des républicains, et par le souvenir de sa propre défaite toute récente. Il s'arrêtait de temps en temps, et, croisant les bras sur sa poitrine, il réfléchissait sur toutes les circonstances qui accompagnaient son expulsion d'un château qui avait été son domicile pendant tant d'années. Il lui semblait que, comme les champions des romans, il s'éloignait d'un poste qu'il était de son devoir de garder, défait par un chevalier païen à qui le destin avait réservé de mettre à fin cette aventure.

Alice, de son côté, avait aussi des souvenirs pénibles, et sa dernière conversation avec son père avait roulé sur un sujet trop peu agréable pour qu'elle cherchât à la renouer avant qu'il eût le temps de reprendre un peu plus de calme. Sir Henry avait un excellent caractère, et il aimait tendrement sa fille, mais l'âge, et le malheur qui depuis quelques années l'avait frappé coup sur coup, avaient donné à son humeur une irritabilité capricieuse. Sa fille et un ou deux serviteurs fidèles encore attachés à sa fortune supportaient cette faiblesse sans autre sentiment qu'une compassion sincère.

Il se passa quelque temps avant qu'il parlât, et ce fut pour rappeler un incident que nous avons déjà mentionné.

— Il est étrange, dit-il, que Bévis soit resté avec Jocelin et ce drôle au lieu de me suivre.

— Soyez bien sûr, mon père, dit Alice, que sa sagacité lui a fait voir en cet homme un étranger qu'il a cru devoir surveiller, et que c'est pour cela qu'il est resté avec Jocelin.

— Non, non, Alice. Il m'abandonne parce que la fortune m'a abandonné. Il y a dans la nature quelque chose qui apprend à fuir le malheur, quelque chose qui agit même sur l'instinct, comme on l'appelle, des animaux dépourvus de raison. Le daim tourne son bois contre le daim de son propre troupeau qu'il voit malade ou blessé; estropiez un chien, et tout le chenil tombera sur lui; le poisson atteint d'un coup de javeline est dévoré par les autres; et le corbeau à qui l'on a coupé un aile ou cassé une patte est tourmenté par ses semblables jusqu'à ce que la mort le délivre.

— Cela peut être vrai des animaux sauvages, dont toute la vie est presque une guerre perpétuelle, mon père; mais le chien abandonne sa propre espèce pour s'attacher à l'homme; il oublie pour son maître la nourriture, les plaisirs et la compagnie de ses semblables; et certainement l'attachement d'un serviteur aussi dévoué que Bévis, pour ne parler que de lui en ce moment, ne doit pas être légèrement suspecté.

— Je n'en veux pas à Bévis, Alice; mais je suis fâché de ce que je vois. J'ai lu dans des chroniques véridiques que, lorsque Richard II et Henry de Bolingbroke étaient au château de Berkeley, un chien de même espèce, qui avait toujours été fidèlement attaché au roi, l'abandonna pour suivre Henry, qu'il voyait alors pour la première fois, et que la désertion de son chien favori fit prévoir à Richard sa déposition prochaine. Ce chien fut ensuite placé à Woodstock, et l'on dit que Bévis est de sa race, qui a été conservée avec soin. Je ne puis deviner quels nouveaux malheurs sa désertion doit me faire prévoir; mais un je ne sais quoi m'assure qu'elle ne présage rien de bon.

8.

En ce moment on entendit un bruit éloigné dans les feuilles tombées qui jonchaient la terre; quelque animal semblait courir dans les broussailles, et presque au même instant Bévis arriva en bondissant près de son maître.

— Hâte-toi de comparaître, mon vieil ami, dit Alice avec un ton de gaieté, et viens défendre ta réputation, qui court des risques en ton absence. Mais le chien ne fit qu'un acte de politesse en gambadant un instant autour de son maître, et, retournant sur ses pas au grand galop, il disparut.

— Comment, drôle! s'écria le chevalier, tu as sûrement été trop bien dressé pour te mettre à chasser sans ordre!

Quelques minutes de plus firent apercevoir Phœbé Mayflower; et, malgré le panier dont elle était chargée, elle marchait d'un pas si leste, qu'elle rejoignit son maître et sa jeune maîtresse à l'instant où ils arrivaient devant la chaumière qui était le but de leur voyage. Bévis, après avoir fait une course en avant pour rendre visite à sir Henry, l'avait quitté pour retourner à son devoir, qui était d'escorter Phœbé et les provisions qu'elle apportait. Toute la compagnie se trouvait alors réunie devant la porte de la chaumière.

Dans des temps plus heureux, une maison construite en pierres offrait en ce lieu une habitation convenable pour un garde d'une forêt royale. Une belle fontaine en était voisine, et tout autour étaient différentes cours avec des bâtimens servant de chenil et de fauconnerie; mais dans quelques unes des escarmouches si fréquentes dans tout le pays pendant les guerres civiles, ce petit bâtiment rural avait été attaqué, défendu, emporté et

incendié. Un propriétaire du voisinage, qui avait pris
parti pour le parlement, avait profité de l'absence de
sir Henry Lee, alors dans le camp de Charles, et du
mauvais état des affaires du roi, pour s'emparer sans
cérémonie des pierres et des autres débris que le feu
avait épargnés, et qu'il fit servir à réparer sa maison.
Le garde, notre ami Jocelin Joliffe, avait donc reconstruit en quelques jours, à l'aide de quelques voisins,
une chaumière pour s'y loger avec la vieille femme qu'il
appelait sa dame. Les murs, formés de terre et d'osier,
en avaient été badigeonés avec soin; ils étaient tapissés
de vignes et d'autres arbrisseaux; le toit était bien couvert en chaume; en un mot, quoique ce ne fût qu'une
hutte, l'extérieur en avait été si bien soigné par l'indus-
trieux Joliffe que le garde d'une forêt royale pouvait y
demeurer sans déroger.

Le chevalier s'avança pour entrer: la porte n'était
close que d'une claie d'osier très-serrée; mais Jocelin, à
défaut d'un meilleur service, avait imaginé une manière
de la fermer à l'intérieur par le moyen d'une cheville
qui empêchait qu'on ne pût soulever le loquet en dehors; cet obstacle que le chevalier rencontra lui fit
présumer que c'était une précaution prise par la vieille
dame de Joliffe, dont il connaissait la surdité: il appela
donc à grands cris, mais inutilement. Irrité de ce délai,
il poussa la porte des pieds et des mains, la barrière
fragile ne put résister à ses efforts, elle céda sur-le-
champ; et le chevalier entra ainsi de vive force dans la
cuisine ou appartement extérieur de Jocelin. Au milieu
de la salle, et dans une attitude qui indiquait de l'embarras, était un étranger enveloppé dans un grand
manteau.

— C'est peut-être le dernier acte d'autorité que j'exercerai ici, dit le chevalier en saisissant l'étranger au collet ; mais pour cette nuit du moins je suis encore grand-maître de la capitainerie de Woodstock.—Que fais-tu ici ? — Qui es-tu ?

L'étranger écarta le manteau qui lui couvrait le visage, et fléchit en même temps un genou en terre.

— Votre pauvre neveu, dit-il ; Markham Everard, qui est venu ici par affection pour vous, quoiqu'il craigne bien que l'accueil qu'il recevra de vous ne témoigne pas une affection semblable.

Sir Henry recula en tressaillant ; mais aussitôt, en homme qui se souvenait qu'il avait un rôle à jouer pour soutenir sa dignité, il redressa sa taille, et répondit avec un air de majesté :

— Beau neveu, je suis charmé que vous soyez arrivé à Woodstock, précisément la première nuit qui, depuis bien des années, peut vous y promettre un accueil favorable et digne de vous.

— Dieu veuille que cela soit et que je vous entende et comprenne bien ! s'écria le jeune homme tandis qu'Alice, muette, avait les yeux fixés sur le visage de son père, ne sachant si ce qu'il venait de dire devait s'interpréter favorablement pour Markham ; car la connaissance qu'elle avait du caractère du vieillard rendait pour elle cette supposition plus que douteuse.

Le chevalier jeta un regard sardonique d'abord sur son neveu, ensuite sur sa fille, et continua :

— Je présume que je n'ai pas besoin d'informer M. Markham Everard que nous ne pouvons songer à le recevoir, ni même à le prier de s'asseoir dans cette misérable hutte.

— Je vous accompagnerai bien volontiers à la Loge, répondit le jeune homme. Je croyais bien que le soir vous y avait déjà fait rentrer, et je n'osais m'y présenter de peur de vous déplaire. Mais si vous voulez me permettre de vous y accompagner, ainsi que ma cousine, parmi toutes les bontés que vous avez eues pour moi autrefois, il n'en est aucune qui puisse m'inspirer plus de reconnaissance.

— Vous vous méprenez grandement, M. Markham Everard, répliqua le chevalier. Notre intention n'est pas de retourner ce soir à la Loge. Non, de par Notre-Dame! ni demain non plus. Je voulais seulement vous apprendre, en toute courtoisie, que vous trouverez à Woodstock une société qui vous convient, et dont vous recevrez certainement un accueil que je ne puis me permettre de faire à un homme de votre importance dans la retraite où vous nous voyez.

— Pour l'amour du ciel, s'écria Markham en se tournant vers sa cousine, dites-moi comment je dois expliquer un langage si mystérieux.

Alice, pour empêcher l'explosion de la colère comprimée de son père, fit un effort sur elle-même pour retrouver la parole, et elle n'y réussit pas sans difficulté.

— Nous avons été chassés de la Loge par des soldats, lui dit-elle.

— Chassés! par des soldats! s'écria Markham avec surprise. Ils n'ont pas de mandat légal pour cela.

— Ils n'en ont point, dit le chevalier avec le ton d'ironie piquante qu'il avait pris dès le commencement de cet entretien; mais ils en ont un aussi légitime qu'aucun de ceux qui ont été décernés en Angleterre depuis un an et plus. Vous vous occupez, je crois, ou du moins vous vous occupiez de l'étude des lois; eh bien, monsieur, vous avez joui de votre profession aussi longtemps qu'un prodigue désire jouir de la vieille veuve qu'il épouse. Vous avez déjà survécu aux lois que vous étudiiez, et sans doute elles n'ont pas rendu le dernier soupir sans vous laisser quelque legs, quelque revenantbon, quelque accroissement de grace, pour me servir du langage du jour; vous l'avez mérité doublement en portant le justaucorps de buffle et la bandoulière, et en maniant la plume; car je ne sais pas encore si vous vous mêlez de prêcher.

— Pensez de moi, dites de moi tout ce qu'il vous plaira, répondit le neveu d'un ton respectueux et soumis; — je ne me suis conduit, dans ce malheureux temps, que d'après ma conscience et les ordres de mon père.

— Oh! si vous parlez de conscience, s'écria le vieux chevalier, — il faut que j'aie les yeux ouverts sur vous, comme le dit Hamlet. Jamais puritain ne trompe plus impudemment que lorsqu'il en appelle à sa conscience; et quant à ton père.....

Il allait continuer sur le même ton d'invectives; mais Markham l'interrompit.

— Sir Henry Lee, lui dit-il d'un ton ferme, votre caractère a toujours passé pour noble. Dites de moi tout ce que vous voudrez, mais ne parlez pas de mon père en termes que l'oreille d'un fils ne peut endurer et que son bras ne peut punir. Me traiter ainsi, ce serait insulter un homme sans armes et battre un captif.

Sir Henry se tut comme s'il eût été frappé de cette remarque.

— Tu as dit la vérité en cela, Markham, dit-il enfin ; il faut que j'en convienne, quand tu serais le plus noir puritain que l'enfer ait jamais vomi pour déchirer un malheureux pays.

— Pensez-en ce qu'il vous plaira, répondit le jeune Everard ; mais ne restez pas dans ce misérable taudis. La nuit menace d'un orage; permettez-moi de vous reconduire à la Loge, et d'en expulser ces intrus, qui, du moins quant à présent, ne peuvent avoir ordre d'agir comme ils le font. Je n'y resterai après eux que l'instant nécessaire pour vous faire part d'un message de mon père. — Accordez-moi cette grace, au nom de l'amitié que vous aviez autrefois pour moi.

— Oui, Markham, répondit son oncle d'un ton douloureux, mais ferme; tu dis la vérité, je t'aimais autrefois. — Cet enfant à cheveux bruns à qui j'apprenais à monter à cheval, à manier les armes, à chasser, — qui passait près de moi ses heures de plaisir après des travaux plus graves, — je chérissais cet enfant. — Oui, — et je suis assez faible pour chérir encore le souvenir de ce qu'il était. — Mais il n'existe plus, Markham; il n'existe plus. — Je ne vois en sa place qu'un rebelle déterminé, en armes contre sa religion et contre son roi ; un rebelle d'autant plus détestable qu'il a obtenu des succès ; un rebelle dont l'infamie s'accroît de l'espoir qu'il a de dorer sa trahison par des richesses, fruit du vol et du pillage. — Mais je suis pauvre, penses-tu, et je devrais me taire, de peur de m'entendre dire : Silence, drôle ! Parle quand on t'interrogera. — Sache pourtant que, tout pauvre que je suis, tout pillé que j'ai été, je me trouve déshonoré par un si long entretien avec un des instrumens de l'usurpation. — Rends-toi à la Loge, si bon te semble ; — en voilà le chemin ; — mais ne pense pas que pour y rentrer, pour retrouver toutes les richesses que je possédais dans le temps de ma plus grande prospérité, je ferais volontairement trois pas avec toi sur ce tapis vert. — Si l'on doit me voir en ta compagnie, ce sera quand tes Habits-Rouges m'auront lié les bras derrière le dos, et attaché les jambes sous le ventre de mon cheval. Tu pourras être alors mon compagnon de route, si tu le veux, j'en conviens, mais pas avant.

Alice, qui souffrait cruellement pendant ce dialogue, et qui savait bien que toute réplique ne ferait qu'irriter encore davantage le ressentiment du chevalier, se hasarda, dans son inquiétude, à faire signe à son cousin de rompre l'entretien et de se retirer, puisque son père le lui ordonnait avec tant de colère. Malheureusement sir Henry s'en aperçut, et concluant de ce qu'il voyait qu'il régnait une intelligence secrète entre le cousin et la cousine, il lui fallut le plus grand effort sur lui-même et le souvenir de ce qu'il devait à sa propre dignité pour voiler sa fureur croissante du même ton d'ironie qu'il avait pris au commencement de cette entrevue.

— Si vous craignez, dit-il à son neveu, de parcourir les sentiers de nos forêts pendant la nuit, respectable étranger, que je dois peut-être respecter comme mon successeur dans la garde de ce domaine, il me semble que voici une jeune fille modeste qui est disposée à vous accompagner et à vous servir de porte-bouclier. Seulement, par respect pour la mémoire de sa mère, qu'il se passe entre vous quelque légère formalité de mariage. Vous n'avez besoin ni de dispenses ni de prétres dans cet heureux temps ; vous pouvez être accouplés comme des mendians dans un fossé par quelque chaudronnier qui servira de prêtre, sous une haie dont les branches vous couvriront comme le toit d'une église. Mais je vous demande pardon de vous faire une requête si simple et si audacieuse : vous êtes peut-être un Ranter ; vous faites peut-être partie de la secte de Knipperdoling ou de Jacques de Leyde (1), ou vous appartenez à la famille de l'amour, et vous regardez comme inutile toute cérémonie nuptiale.

— Pour l'amour du ciel, mon père, s'écria Alice, cessez de plaisanter d'une manière si cruelle ! Et vous, Markham, retirez-vous, au nom de Dieu, et abandonnez-nous à notre destin. Votre présence fait perdre la raison à mon père.

— Moi plaisanter ! dit sir Henry, je n'ai de ma vie parlé plus sérieusement. Perdre la raison ! jamais je n'en ai eu davantage. Je n'ai jamais pu souffrir que la fausseté m'approchât. Une fille ou une épée déshonorées ne peuvent rester à mon côté, et ce jour vient malheureusement de me prouver que l'une et l'autre peuvent faillir.

— Sir Henry, dit le jeune Everard, ne vous donnez pas le tort cruel de traiter votre fille avec tant d'injustice. Vous me l'avez refusée il y a long-temps, quand nous étions pauvres et que vous étiez puissant. Je me suis soumis à l'arrêt qui me défendait de la voir. Dieu sait ce qu'il m'en a coûté, mais je vous ai obéi. Ce n'est

(1) Tous ces sectaires, Ranters, Seekers, Muggletoniens, etc., autorisaient la polygamie, ou du moins le changement fréquent de femme ou de mari. — Éd.

9

pas pour faire revivre mes prétentions que je suis venu ici et que j'ai cherché à lui parler, comme je le reconnais; ce n'est pas même pour elle seule, c'est également pour vous. La destruction plane sur votre tête; elle est prête à fermer ses ailes pour fondre sur vous; elle prépare ses serres pour vous saisir. — Oui, monsieur, prenez un air de mépris si bon vous semble, le fait n'en est pas moins réel; et c'est pour vous protéger, vous et elle, que vous me voyez ici.

— Vous refusez donc mon don gratuit? dit sir Henry Lee; peut-être trouvez-vous que j'y mets des conditions trop dures.

— Fi, sir Henry, fi! dit Markham irrité à son tour; vos préjugés politiques ont-ils assez complètement effacé vos sentimens de père pour que vous puissiez parler avec ironie et mépris de ce qui concerne l'honneur de votre propre fille? Relevez la tête, belle Alice, et dites à votre père que son excessive loyauté politique lui fait oublier la nature. Apprenez, sir Henry, que quoique je préférasse la main de votre fille à tous les dons que le ciel pourrait m'accorder, je ne l'accepterais pas; oui, ma conscience me défendrait de l'accepter si je savais la détourner de la ligne de ses devoirs envers vous.

— Votre conscience est trop timorée, jeune homme, dit le vieux chevalier; — consultez quelque rabbin de votre secte, un de ces gens qui prennent tout ce qui tombe dans leur filet; il vous dira que c'est pécher contre la grace que de refuser une bonne chose offerte volontairement.

— Oui, répondit Markham, quand l'offre est franche et cordiale, mais non quand elle est faite avec insulte et ironie. — Adieu, Alice. — Si quelque chose pouvait me donner envie de profiter du désir dénaturé que montre votre père de vous éloigner de lui dans un moment où il s'abandonne à d'indignes soupçons, ce serait l'idée qu'en se livrant à de tels sentimens sir Henry Lee agit en tyran à l'égard de la créature qui a le plus besoin de son affection, — qui sent le plus cruellement sa sévérité, — et qu'il est le plus rigoureusement tenu de chérir et de protéger.

— Ne craignez pas pour moi, M. Everard, s'écria Alice perdant toute sa timidité par la crainte des suites que pouvait avoir cet entretien dans un moment où la guerre civile faisait qu'on ne reconnaissait plus ni les liens du sang ni les droits de l'amitié. — Partez, je vous en conjure, partez! — Rien ne trouble la tendre harmonie qui règne entre mon père et moi si ce n'est ces malheureuses divisions de famille, et votre présence ici dans un moment si peu favorable. — Pour l'amour du ciel, retirez-vous.

— Oh! oh! miss Lee, dit le vieux Cavalier; — vous prenez déjà le ton de dame souveraine! Et à qui irait-il mieux qu'à vous? Je réponds que vous donneriez des ordres à notre suite aussi bien que Goneril et Regane (1). Mais je vous dirai que personne ne quittera ma maison, — et quelque humble que soit cette demeure, elle est maintenant ma maison, — tant qu'il y a quelque chose à me dire qui n'est pas encore dit. Et comme ce jeune homme fronce les sourcils et prend un ton un peu haut. — Parlez, monsieur; dites tout ce que vous avez à dire.

(1) Les deux filles dénaturées du roi Lear. — Éd.

— Ne craignez pas que je manque de sang-froid, Alice, dit Markham avec autant de fermeté que de douceur ; — et vous, sir Henry, ne croyez pas que si je vous parle d'un ton ferme ce soit avec colère. Vous m'avez fait de cruels reproches ; des reproches tels que, si je n'étais guidé que par l'exaltation d'une chevalerie romanesque, je ne pourrais, par égard pour ma naissance et pour l'estime du monde, me dispenser d'y répondre malgré notre proche parenté.—Daignerez-vous m'écouter avec patience ?

—Si vous voulez vous défendre, répondit le chevalier, à Dieu ne plaise que je refuse de vous entendre patiemment, quand même deux tiers de votre discours seraient composés de déloyauté et le troisième de blasphèmes. —Seulement soyez bref ; cette conférence n'a déjà duré que trop long-temps.

— Je ne serai pas long, sir Henry, répliqua le jeune homme ; — cependant il est difficile de réunir en peu de mots la défense d'une vie qui, quoique courte, a été très-occupée,—trop occupée, dit le geste d'indignation que je vous vois faire ; mais c'est ce que je nie. Ce n'est pas sans y réfléchir que j'ai tiré l'épée pour défendre un peuple dont les droits avaient été foulés aux pieds et dont la conscience était opprimée. — Ne froncez pas le sourcil, monsieur, ce n'est pas sous ce point de vue que vous considérez cette contestation ; mais c'est ainsi que je l'envisage. Quant à mes principes religieux que vous tournez en dérision, croyez que, quoiqu'ils dépendent moins des formes extérieures, ils sont aussi sincères que les vôtres : ils sont même plus purs,—excusez l'expression,—en ce qu'ils ne sont pas entachés de cet esprit sanguinaire d'un siècle barbare qui a inventé ce que vous et tant d'autres appelez le code de l'honneur chevaleresque. Ce ne sont pas mes dispositions naturelles, ce sont les doctrines plus saines que ma foi m'a enseignées qui me mettent en état d'écouter vos invectives violentes sans y répondre avec le même ton d'amertume et de courroux. Vous pouvez pousser à la dernière extrémité vos insultes contre moi, si tel est votre bon plaisir; je les supporterai non-seulement à cause de notre parenté, mais parce que la charité m'en fait un devoir. C'est pousser bien loin l'abnégation de soi, sir Henry, pour un homme de notre famille. Mais je montre encore plus d'empire sur moi-même en refusant de recevoir de votre main le don que je désirais obtenir plus que toute autre chose sur la terre; et je le refuse parce qu'il est du devoir de votre fille de vous soutenir et de vous consoler, parce qu'il serait cruel à moi de souffrir que dans votre aveuglement vous vous privassiez de ce que vous avez de plus précieux.—Adieu, monsieur; je vous quitte sans colère, mais avec compassion. Nous nous reverrons peut-être dans un temps plus heureux, quand votre cœur et vos principes auront triomphé des préjugés qui vous aveuglent maintenant.—Adieu, Alice, adieu!

Ce mot *adieu* fut répété deux fois avec un accent de tendresse et de chagrin bien différent du ton ferme et presque sévère avec lequel Markham venait de parler à sir Henry Lee. Il se détourna et se précipita hors de la chaumière dès qu'il eut prononcé ces derniers mots, et comme s'il eût rougi du mouvement de tendresse auquel il venait de s'abandonner, le jeune républicain entra d'un pas ferme et résolu dans la forêt que les rayons de la lune couvraient en ce moment des ombres de l'automne.

Dès qu'il fut parti, Alice, qui pendant tout ce temps avait été en proie à la terreur, de crainte que son père, dans la chaleur de son courroux, ne passât de la violence des paroles à des voies de fait encore plus violentes, se laissa tomber sur un tabouret fait de branches de saule entrelacées, ouvrage des mains de Jocelin, comme la plupart de ses autres meubles. Elle s'efforça de cacher ses larmes en remerciant le ciel de ce qu'il n'avait pas permis que, malgré la proche parenté des deux parties, quelque événement fatal eût été le résultat d'une entrevue si dangereuse, et où il avait régné tant de colère.

Phœbé Mayflower pleurait de compagnie, quoiqu'elle ne comprît pas très-bien tout ce qui venait de se passer. Elle se trouva seulement en état de raconter ensuite à cinq ou six de ses bonnes amies que son vieux maître sir Henry s'était mis dans une colère terrible contre M. Markham Everard, parce que celui-ci avait été sur le point d'enlever sa jeune maîtresse.—Et qu'aurait-il pu faire de mieux, ajoutait Phœbé, puisqu'il ne reste rien au vieillard ni pour lui ni pour sa fille? Et quant à M. Markham et à notre jeune dame, ils se dirent de si belles choses qu'on ne trouverait rien de semblable dans l'histoire d'Argalus et de Parthénie, qui étaient, dit le livre de leur histoire, les amans les plus fidèles de toute l'Arcadie, et du comté d'Oxford par-dessus le marché.

La vieille Goody Jellycot avait avancé plus d'une fois son chaperon écarlate dans la cuisine pendant la scène que nous venons de décrire; mais comme la bonne dame était à demi aveugle et presque sourde, elle ne comprit que par une sorte d'instinct que les deux principaux personnages étaient en querelle; et pourquoi choisissaient-ils la hutte de Jocelin pour venir la vider : c'était pour elle un aussi grand mystère que le sujet de l'altercation.

Quelle était la situation d'esprit du vieux Cavalier quand il se vit ainsi contrarié dans ses principes les plus chéris par les derniers mots de son neveu? La vérité est qu'il fut moins ému que sa fille ne s'y attendait; et probablement le ton hardi qu'avait pris Markham Everard en défendant ses opinions politiques et religieuses, au lieu d'enflammer davantage sa colère, avait contribué à le calmer. Il supportait avec peine la contradiction; mais toute évasion, tout subterfuge étaient encore plus insupportables à la franchise et à la droiture du Cavalier qu'une opposition directe et les efforts que faisait son adversaire pour justifier ses opinions. Il avait coutume de dire que le cerf qu'il préférait était celui qui montrait le plus d'audace quand il était aux abois. Il fit suivre le départ de son neveu d'une citation de Shakspeare, ce qu'il avait coutume de faire par une sorte d'habitude et par respect pour le poète favori de son malheureux maître, sans avoir réellement beaucoup de goût pour ses ouvrages et sans faire toujours fort à propos l'application des passages qu'il citait.

—Faites attention à ceci, Alice, dit-il, faites-y bien attention.—Le diable peut citer l'Écriture pour arriver à ses fins.—Vous venez de voir ce jeune fanatique, votre cousin, qui n'a pas plus de barbe qu'il n'y en avait au menton d'un villageois que j'ai vu jouer la fille Marianne un jour que le barbier l'avait rasé trop à la hâte; eh bien ! il est aussi hardi que la plus vieille barbe de presbytérien et d'indépendant pour exposer ses doctrines et ses principes, et il veut nous battre à coups de textes et d'homélies. Je voudrais que le digne et savant docteur Rochecliffe eût été ici avec son arme habituelle, la Vulgate, la Septante, et je ne sais quoi encore ; il lui aurait fait sortir du corps l'esprit presbytérien comme on exprime le jus d'un citron. — Cependant je suis charmé que le jeune homme ne cherche pas de vils subterfuges ; quand un homme serait de l'avis du diable en religion, et de celui du vieux Noll en politique, il serait mieux de l'avouer hautement que de chercher à vous donner le change par des faux-fuyans. — Allons, essuie tes yeux, Alice ; c'est une affaire finie, et j'espère qu'elle ne se présentera plus de si tôt.

Encouragée par ces paroles, mais bien triste encore, Alice se leva pour surveiller les préparatifs nécessaires pour le souper, et pour la nuit qu'ils devaient passer dans leur nouvelle habitation. Mais ses larmes coulaient avec tant d'abondance qu'il fut heureux pour elle que Phœbé, quoique trop simple et trop ignorante pour comprendre toute l'étendue des chagrins de sa maîtresse, pût lui donner des secours plus efficace qu'une compassion stérile.

Avec autant de promptitude que d'adresse, la jeune villageoise prépara le souper et arrangea les lits, tantôt criant à l'oreille de dame Jellycot, tantôt parlant à demi-voix à sa maîtresse et ayant l'art de tout ordonner, comme si elle n'eût fait qu'exécuter elle-même les ordres de miss Lee.

Lorsque le souper froid fut placé sur une table, sir Henry, comme s'il eût voulu consoler sa fille du ton dur avec lequel il lui avait parlé, la pressa affectueusement de prendre quelque nourriture; tandis qu'en soldat expérimenté il prouvait lui-même que ni les fatigues et les mortifications de cette journée, ni l'inquiétude de ce qui arriverait le lendemain, n'avaient diminué son appétit, le souper étant son repas de prédilection. Il mangea les deux tiers du chapon, but son premier verre de vin à l'heureuse restauration de Charles deuxième du nom, et vida sa bouteille; car il était d'une école dont la loyauté avait coutume de se soutenir par de copieuses libations. Il alla même jusqu'à chanter le premier couplet de la chanson :

> Dans le royaume de ses pères
> Le roi rentrera triomphant;

et Phœbé, pleurnichant à demi, ainsi que dame Jellycot, braillant faux d'une voix aigre, furent obligées de répéter le refrain pour couvrir le silence d'Alice.

Enfin le chevalier jovial songea à prendre du repos, et alla s'étendre sur la paillasse de Jocelin dans une petite chambre donnant sur la cuisine, où, en dépit de son changement de demeure, il ne tarda pas à jouir d'un sommeil profond et tranquille. Alice reposa moins paisiblement sur la couchette d'osier de dame Jellycot, dans un appartement intérieur, et la vieille ainsi que Phœbé, étendues dans la même chambre sur une paillasse remplie de feuilles sèches, y trouvèrent ce sommeil calme que goûtent ordinairement ceux qui gagnent leur pain quotidien à la sueur de leur front, et pour qui le réveil n'est que le signal de recommencer les travaux de la veille.

CHAPITRE V.

—

« Sur ma foi, ce langage est tout nouveau pour moi ;
» Ma langue n'est pas faite à ces accents bizarres,
» Et ne peut prononcer des phrases si barbares.
» Elles peuvent avoir du mérite et du poids ;
» Mais elles sont pour moi ce que fut autrefois
» Pour le jeune David de Saül la cuirasse,
» Une inutile armure, un pesant embarras. »

J. B.

Pendant ce temps Markham Everard continuait à marcher vers la Loge. Il suivait une des longues avenues qui traversaient la forêt, et dont la largeur variait au point que les arbres, tantôt unissant leurs branches, répandaient une obscurité profonde, tantôt s'écartaient comme pour livrer passage à quelques rayons de la lune, et quelquefois, s'éloignant davantage, formaient de belles clairières tapissées de verdure et éclairées d'une lumière argentée. Les divers effets que produisait cette clarté délicieuse sur les vieux chênes dont elle dorait plus ou moins complètement les feuilles d'un vert foncé, les branches mortes et les troncs massifs, auraient attiré l'attention d'un poète ou d'un peintre.

Mais si Markham pensait à autre chose qu'à la scène pénible dans laquelle il venait de jouer un rôle, et dont le résultat paraissait être la ruine de toutes ses espérances, c'était aux précautions qu'il était à propos de prendre en faisant ce voyage nocturne. Les temps étaient dangereux; le désordre régnait partout, les routes étaient couvertes de soldats débandés, principalement du parti royaliste, qui faisaient de leurs opinions politiques un prétexte pour troubler le pays et se livrer à des brigandages de toute espèce. En outre un grand nombre de braconniers, race toujours à redouter, infestaient depuis quelque temps la forêt de Woodstock. En un mot ce n'était pas sans motifs que Markham Everard, indépendamment des pistolets chargés qu'il avait à sa ceinture, marchait l'épée nue sous son bras, afin de ne pas être pris au dépourvu si quelque péril se présentait.

Il entendit la cloche de l'église de Woodstock sonner le couvre-feu à l'instant où il traversait une des petites clairières dont nous venons de parler, et le son cessa lorsqu'il arrivait à un endroit où le sentier, se rétrécissant, le laissait presque dans des ténèbres complètes. En ce moment il entendit quelqu'un qui sifflait en marchant; et le son s'approchant peu à peu, il lui fut aisé de reconnaître que le siffleur avançait de son côté. Il ne pouvait guère croire que ce fût un ami, car son propre parti regardait comme profane toute espèce de chant et de musique, à l'exception de la psalmodie. — Si un homme a le cœur joyeux, qu'il chante des psaumes; — c'était là un texte qu'il plaisait à ces fanatiques d'interpréter aussi littéralement que plusieurs autres. Cependant le sifflement continuait trop longtemps pour que ce pût être un signal donné à des complices, et l'air en était trop joyeux pour qu'on pût soupçonner quelque mauvais dessein. Bientôt ayant assez sifflé, le voyageur entonna à gorge déployée le couplet suivant, que les anciens Cavaliers avaient coutume de chanter en montant la garde pendant la nuit :

> Aux armes! Cavaliers, aux armes!
> A Belzébut point de quartier;
> Et qu'en vous voyant Olivier
> Étouffe de rage et d'alarmes.

— Je connais cette voix, dit Markham en désarmant le pistolet qu'il avait pris à sa ceinture. Le chanteur continua :

> Faites rentrer dans la poussière
> Cet amas de vils ennemis.

— Holà! s'écria Markham, qui va là? Pour qui êtes-vous?

— Pour l'Église et pour le roi, répondit une voix qui ajouta sur-le-champ : Non, non! diable! je me trompe; je voulais dire contre l'Église et le roi, c'est-à-dire pour ceux qui ont le dessus; j'ai oublié comment on les nomme.

— C'est Roger Wildrake, à ce qu'il me semble.

— Lui-même, de Squattlesea-Mere, dans le comté humide de Lincoln.

— Wildrake! on devrait plutôt vous nommer Wildgoose (1). Il faut que vous vous soyez humecté passa-

(1) Jeu de mots qu'il est impossible de faire passer en français. *Wild-rake* signifie un débauché, un extravagant, un jeune homme

blement le gosier pour entonner des airs si convenables aux circonstances !

— Sur ma foi, l'air est assez joli. Il est vrai qu'il n'est plus fort à la mode, et c'est vraiment dommage.

— Qui pouvais-je m'attendre à rencontrer ici si ce n'est quelque enragé Cavalier, aussi ivre, aussi dangereux que le vin et la nuit les rendent ordinairement? Et si j'avais récompensé votre mélodie d'une balle dans le crâne ?

— Ma foi, Markham, c'eût été un violon de payé, et voilà tout. — Mais par quel hasard venez-vous de ce côté ? — J'allais vous chercher à la hutte du garde.

— J'ai été obligé d'en sortir ; je vous en dirai la cause plus tard.

— Quoi ! le vieux Cavalier chasseur a-t-il été bourru ? Chloé avait-elle de l'humeur ?

— Ne plaisantez pas ainsi, Wildrake. — Il n'est plus de bonheur pour moi.

— Du diable ! Et vous le dites si tranquillement ! Morbleu ! retournons-y ensemble, et je me chargerai de plaider votre cause. Je sais comment il faut s'y prendre pour chatouiller les oreilles d'un vieux chevalier et d'une jolie fille. — Dieu me damne, sir Henry Lee, lui dirai-je, votre neveu est un peu puritain, je n'en disconviens pas ; mais malgré cela, je soutiens qu'il est galant homme et joli garçon. — Miss Lee, dirai-je ensuite, vous pouvez penser que votre cousin a l'air d'un tisserand chanteur de psaumes avec ce vilain chapeau de feutre, cet habit brun tout uni, cette cravate dont

qui jette sa gourme ; *wildgoose* veut dire oie sauvage ; *wild-drake* signifierait un canard sauvage mâle. — Éd.

le bout ressemble à une bavette d'enfant, et ces grandes bottes pour chacune desquelles il a fallu la moitié du cuir d'un veau ; mais qu'il ait un bon castor enfoncé de côté sur sa tête, un plumet qui convienne à sa qualité, une bonne lame de Tolède à son côté, qu'elle soit attachée à un ceinturon brodé, avec une poignée damasquinée, au lieu de cette lame de fer qui forme la garde de ce pesant André Ferrare (1), mettez-lui une langue bien pendue dans la bouche, et ventrebleu, miss Lee, dirai-je.....

— Paix, Wildrake, trêve de fadaises ! dites-moi si vous n'avez pas trop bu pour pouvoir entendre quelques mots de raison.

— Si je le puis ! je n'ai fait que vider quelques pots de vin avec ces coquins de Têtes-Rondes, ces soldats puritains, à Woodstock. Et du diable s'ils ne m'ont pas regardé comme le meilleur républicain de la compagnie, tant je me tordais le nez en leur montrant le blanc de mes yeux. Pouah ! le vin même avait un arrière-goût d'hypocrisie : je crois pourtant que le coquin de caporal a fini par avoir des soupçons ; mais les soldats... ils ont été jusqu'à me prier de prononcer une bénédiction sur le dernier pot.

— C'est justement à ce sujet que je désirais vous parler, Wildrake. — Je suis sûr que vous me regardez comme votre ami ?

— Fidèle comme l'acier. Camarades au collège et à Lincoln's Inn (2), nous avons été Nisus et Euryale,

(1) Nom d'un armurier célèbre, et qu'on donnait aux lames qu'il fabriquait. Voyez une note de *Waverley*, tom. Ier. — Éd.

(2) *Au collège*, c'est-à-dire à l'université. *A Lincoln's Inn*, à *l'École de droit*. — Éd.

Thésée et Pyrithoüs, Oreste et Pylade, et pour finir par une petite citation puritaine, David et Jonathan. Les opinions politiques mêmes, ce germe de division qui sépare les amis et les parens, comme un coin de fer fend le chêne le plus dur, n'ont pu venir à bout de nous désunir.

— C'est la vérité; et quand vous suivîtes le roi à Nottingham, et que je m'enrôlai sous le comte d'Essex, nous nous jurâmes, en nous séparant, que quelque parti qui fût victorieux, celui de nous qui y serait attaché protègerait son camarade moins fortuné.

— A coup sûr, Markham, à coup sûr; et vous avez bien exécuté votre promesse. Ne m'avez-vous pas sauvé de la corde? Ne vous dois-je pas le pain que je mange?

— Je n'ai fait pour vous, mon cher Wildrake, que ce que je suis sûr que vous auriez fait pour moi si la chance des armes eût tourné autrement. Mais, comme je le disais, c'est ce dont je voulais vous parler. Pourquoi rendre plus difficile qu'elle ne devrait l'être la tâche que j'ai entreprise de vous protéger? Pourquoi vous jeter dans la compagnie de soldats ou de gens parmi lesquels vous ne pouvez manquer de vous échauffer et de vous trahir? Pourquoi courir le pays en beuglant de vieilles chansons de Cavalier, comme un soldat ivre du prince Rupert, ou un fanfaron des gardes du corps de Wilmot?

— Parce que je puis avoir été l'un et l'autre tour à tour, comme vous le savez, Markham. Mais, morbleu! faut-il que je vous rappelle toujours que notre obligation de protection mutuelle, notre ligue offensive et défensive, comme je puis la nommer, doivent s'exécuter sans aucun égard aux opinions politiques ou religieuses d'aucune des deux parties contractantes, sans qu'aucune d'elles soit tenue de se conformer en rien à celles de l'autre?

— Vous avez raison ; mais il y avait cette réserve indispensable que celui qui aurait besoin de la protection de l'autre se conformerait aux circonstances de manière à ne pas rendre inutiles et même dangereux les efforts de son ami pour le protéger. Or vous ne passez pas un seul jour sans faire quelque frasque qui met en péril et votre propre sûreté et le crédit dont je jouis.

— Je vous dis, Marc, et je dirais à l'apôtre votre patron, que vous êtes trop sévère à mon égard. Vous avez reçu des leçons de sobriété et d'hypocrisie depuis l'instant où vous portiez des jupons jusqu'à celui où vous avez pris le costume de Genève, depuis votre berceau jusqu'à ce jour ; c'est donc une chose qui vous est naturelle ; et vous êtes surpris qu'un brave garçon, franc, honnête, qui a été toute sa vie habitué à dire la vérité, surtout quand il la trouvait au fond d'un flacon, ne puisse atteindre tout d'un coup à une perfection comme la vôtre ! — Corbleu ! les choses ne sont pas égales entre nous. Autant vaudrait qu'un plongeur exercé, qui peut sans inconvénient retenir son haleine sous l'eau pendant dix minutes, reprochât à un pauvre diable d'être prêt à y étouffer au bout de vingt secondes. — Et après tout, le déguisement étant si nouveau pour moi, il me semble que je ne le porte pas trop mal. — Mettez-moi à l'épreuve.

— A-t-on reçu quelques autres nouvelles de Worcester ? demanda Everard d'un ton si sérieux qu'il en imposa à son compagnon, qui pourtant lui répondit d'une manière tout-à-fait conforme à son caractère.

— Oui. — De chiennes de nouvelles. Cent fois pires

que les premières. — Tout est à la débandade. — Noll a certainement vendu son ame au diable; mais il viendra un temps où il faudra qu'il la lui livre : c'est toute notre consolation actuelle.

— Quoi! est-ce ainsi que vous répondriez au premier Habit-Rouge qui vous ferait la même question? Je crois que ce serait le moyen d'avoir un prompt sauf-conduit pour le corps-de-garde le plus voisin.

— Oh! mais je croyais répondre à mon ami Markham, sans quoi j'aurais dit, — nouvelles excellentes. — Une merci du ciel. — Une manifestation de la puissance divine. — D'éternelles actions de graces à lui rendre. — Les malveillans ont été dispersés de Dan à Beersheba. — Ils ont été taillés en pièces, frappés à mort, depuis le lever du soleil jusqu'à son coucher.

— Avez-vous entendu parler des blessures du général Thornhaugh?

— Il est mort, — c'est une consolation du moins, — le chien de Tête-Ronde! — Un moment! ma langue va trop vite; je voulais dire l'excellent et pieux jeune soldat.

— Et que savez-vous du Jeune Homme, du roi d'Écosse, comme on l'appelle?

— Rien, si ce n'est qu'il est chassé comme un daim sur les montagnes; puisse Dieu le sauver, et confondre ses ennemis! — Morbleu, Markham, je ne puis porter ce sot masque plus long-temps avec vous! Ne vous souvenez-vous pas que dans les parades que nous jouions à Lincoln's Inn, — quoique vous n'y prissiez pas grande part, — je m'acquittais toujours de mon rôle aussi bien qu'aucun de nos camarades, à ce qu'il me semble, quand le moment de la représentation était arrivé; mais j'étais constamment détestable lors des répétitions? C'est la même chose aujourd'hui. Je reconnais votre voix, et j'y réponds avec mon ton naturel; mais en compagnie de vos amis nasillards, vous m'avez vu me tirer d'affaire passablement.

— Passablement! tout au plus; et cependant tout ce que je vous demande, c'est d'être modeste et de garder le silence. Parlez peu, tâchez de vous défaire de votre habitude de jurer, et placez votre chapeau de niveau sur votre tête.

— Oui, c'est là ma malédiction. J'ai toujours été remarqué pour la manière élégante avec laquelle je mets mon chapeau de côté. — Il est cruel que le mérite d'un homme devienne son ennemi.

— Vous devez vous souvenir que vous êtes mon clerc.

— Secrétaire. — Que ce soit secrétaire, si vous avez quelque amitié pour moi.

— Il faut que ce soit clerc, — pas autre chose, — simple clerc. — Et souvenez-vous d'être docile et soumis.

— Mais il ne faudrait pas me donner vos ordres avec tant d'ostentation et de supériorité, maître Markham Everard. Songez que je suis votre aîné de trois ans. — Je ne sais en vérité comment je dois le prendre.

— Vit-on jamais une plus mauvaise tête! — Par égard pour moi, si ce n'est pas pour vous-même, forcez votre folie à entendre raison. Songez que je me suis exposé pour vous au blâme et à mille risques.

— Oui, vous êtes un brave garçon, Markham, et je ferai pour vous tout ce que je pourrai faire. Mais souvenez-vous de tousser, de faire hem! quand vous me verrez prêt à sortir des bornes. — Et maintenant où allons-nous cette nuit?

— A la Loge de Woodstock, pour veiller aux propriétés de mon oncle. Je suis informé que des soldats s'en sont mis en possession. — Et cependant, comment cela peut-il être, si vous les avez trouvés à boire à Woodstock?

— Il y avait avec eux une espèce de commissaire, de mandataire, je ne sais quel drôle, qui était allé à la Loge. — Je l'y ai même entrevu.

— En vérité?

— En sainte vérité, pour parler votre langage. En traversant le parc pour aller vous joindre, il y a tout au plus une demi-heure que je vis une lumière dans la Loge. — Venez de ce côté, vous la verrez vous-même.

— A l'angle du nord-ouest? Elle vient d'une fenêtre de ce qu'on appelle l'appartement de Victor Lee.

— Eh bien, ayant servi long-temps dans les voltigeurs de Lundsford, je connaissais les devoirs d'un éclaireur. — Du diable, me dis-je à moi-même, si je laisse une lumière en arrière sans en avoir fait la reconnaissance. — D'ailleurs, Markham, vous m'avez tant parlé de votre jolie cousine, que je n'aurais pas été fâché de la voir un instant.

— Inconsidéré! étourdi incorrigible! à quels dangers vous vous exposez, et quels risques vous faites courir à vos amis, par pure légèreté! — Mais voyons, continuez.

— Par ce beau clair de lune, je crois que vous êtes jaloux, Markham Everard! mais vous n'avez pas sujet de l'être, car, moi qui cherchais à voir la belle dame, j'avais une cuirasse d'honneur qui me mettait à l'abri de ses charmes; et comme elle ne devait pas me voir, vous comprenez qu'elle ne pouvait faire de comparaisons qui vous fussent désavantageuses. Enfin, de la manière dont l'aventure se termina, aucun de nous ne vit l'autre.

— Je le sais parfaitement. Miss Lee avait quitté la Loge long-temps avant le coucher du soleil, et elle n'y est pas rentrée. Mais, après une telle préface, me direz-vous ce que vous avez vu?

— Pas grand'chose. Seulement, ayant monté sur une sorte d'arc-boutant, — car je grimpe aussi bien qu'aucun chat qui ait jamais rôdé dans les gouttières, — et m'accrochant aux vignes qui tapissaient le mur, je me postai en un endroit d'où je pouvais voir l'intérieur de l'appartement dont vous parlez,

— Et qu'y avez-vous vu?

— Pas grand'chose, comme je vous l'ai déjà dit; car dans le temps où nous sommes, ce n'est pas merveille de voir des goujats faire ripaille dans les appartemens des nobles et des princes. — J'ai vu deux drôles occupés à vider d'un air grave et solennel une cruche d'eau-de-vie, et à dévorer un énorme pâté de venaison, qu'ils avaient placé sans cérémonie sur la table à ouvrage d'une dame, et l'un d'eux essayait les cordes d'un luth.

— Les misérables profanes! C'était celui d'Alice!

— Bien dit, camarade! — je suis charmé de voir qu'il soit possible d'émouvoir votre flegme. — Mais ces incidens de la table et du luth ne sont que des embellissemens ajoutés à mon récit, pour essayer, s'il était possible, de tirer d'un être sanctifié comme vous l'êtes quelque étincelle des sentimens de la pauvre humanité.

— Et quel était l'extérieur de ces deux hommes?

— L'un était un fanatique à figure sournoise, portant un chapeau à larges bords, de longs habits, en un mot, semblable à ce que vous êtes tous, et j'ai supposé que c'était le mandataire ou le commissaire dont j'avais entendu parler dans la ville. — L'autre était un gaillard trapu et vigoureux, qui portait un couteau de chasse à sa ceinture, et qui avait à côté de lui un gros gourdin. — Un drôle à cheveux noirs, à dents blanches, et à physionomie joviale. — Je l'ai pris pour quelque garde du parc.

— Il faut que ces deux hommes soient le favori de Desborough, Tomkins le Fidèle, et Jocelin Joliffe, garde forestier. Tomkins est le bras droit de Desborough. C'est un indépendant, et il a des dons du ciel, comme il le dit lui-même. Bien des gens pensent que les dons qu'il reçoit font plus pour lui que la grace, et j'ai entendu dire qu'il a abusé de certaines occasions.

— Du moins il mettait celle-ci à profit; et la cruche s'en ressentait, lorsque, comme si le diable l'avait voulu, une pierre que le temps avait détachée du vieil arc-boutant céda sous mes pieds. Un maladroit comme vous aurait réfléchi si long-temps sur ce qu'il avait à faire, qu'il aurait suivi la pierre avant d'avoir pris son parti; mais moi, Markham, je sautai comme un écureuil, et m'accrochai ferme à une branche de lierre. — Peu s'en fallut que je ne reçusse une balle pour mes peines; car le bruit avait donné l'alarme aux deux convives. Ils accoururent à la fenêtre, et me virent en dehors. Le garde courut à son gourdin, le fanatique saisit un pistolet, — vous savez qu'ils ont toujours de pareils textes suspendus à leur ceinture à côté d'une petite Bible à fermoirs. — Je les régalai tous deux d'une espèce de hurlement, accompagné d'une grimace infernale. — Il est bon que vous sachiez que je puis grimacer comme un babouin : je l'ai appris d'un baladin français qui pouvait faire de ses mâchoires un casse-noisettes. — En même temps, je me laissai couler doucement sur le gazon, je me glissai sans bruit, en rampant dans l'ombre, le long du mur, et je m'éclipsai si bien à leurs yeux que je suis convaincu qu'ils ont cru que j'étais leur parent, le diable en personne qui venait leur rendre visite sans avoir été appelé. — Ils ont eu, vous dis-je, une fière peur.

— Vous êtes cruellement téméraire, Wildrake! — Et maintenant que nous allons à la Loge, s'ils vous reconnaissaient?

— Eh bien, ai-je commis un crime de haute trahison en les regardant? Personne n'a payé une pareille curiosité depuis le temps de John de Coventry (1), et si on lui fit rendre compte de la sienne, sur ma foi, j'ose dire que ses yeux avaient été mieux régalés que les miens. Mais rassurez-vous, ils ne me reconnaîtront pas plus qu'un homme qui n'aurait vu notre ami Noll que dans un conventicule de saints ne reconnaîtrait le même Olivier à cheval, chargeant à la tête de son escadron couleur d'écrevisse, ou plaisantant et vidant une bouteille avec le poète profane Waller (2).

(1) Pour expliquer cette allusion, nous croyons devoir citer en note ce que sir Walter Scott dit dans la *Vie de Dryden* (tom. Ier, sect. IV), au sujet de sir John Coventry.

« Les rencontres où les assaillans profitaient de l'avantage du nombre n'étaient pas rares. On les trouvait tout aussi loyales que le duel régulier. Quelques-unes de ces rencontres ressemblaient beaucoup à de véritables assassinats. La célèbre affaire de John de Coventry en offre un exemple : plusieurs jeunes gens de qualité lui tendirent un guet-apens et lui fendirent le nez, parce qu'il s'était permis de gloser sur les intrigues du roi dans les coulisses des théâtres. Ce fut ce qui donna lieu au fameux statut *contre la mutilation et les blessures*, appelé l'acte de Coventry. — Éd.

(2) Waller avait chanté *l'usurpateur* avant d'être le lauréat de

— Chut! Pas un mot d'Olivier, si vous faites quelque cas de votre vie et de la mienne. Il ne faut pas plaisanter du rocher sur lequel on peut échouer. — Mais nous voici à la porte, et nous allons troubler les plaisirs de ces messieurs.

A ces mots, levant le pesant marteau, il le fit retentir contre la porte massive.

— Rattatatou! dit Wildrake, voilà une belle alarme pour vos cocus de Têtes-Rondes. Et dansant en mesure, il se mit à fredonner à demi-voix la marche qui portait ce nom :

> Venez cocus, approchez Têtes-Rondes,
> Et dansez tous sur l'air de ma chanson.....

— De par le ciel! cette folie passe toute permission! s'écria Everard en se tournant vers lui d'un air courroucé.

— Pas du tout, pas du tout, répondit Wildrake; ce n'est qu'une légère expectoration comme celle qui précède une belle harangue. A présent que je me suis débarrassé de ce flegme, je vais être grave pendant une heure entière.

Tandis qu'il parlait ainsi, on entendit marcher dans le vestibule, et l'on ouvrit le guichet, mais en retenant la porte par le moyen d'une chaîne, de crainte d'accident. On vit paraître à l'entrée le visage de Tomkins, et

la restauration. On se rappelle son mot à Charles II, qui lui disait que son ode pour Cromwell était plus belle que les vers qu'il lui adressait à lui-même. — Sire, répondit Waller, nous autres poètes nous sommes plus habiles pour la fiction que pour la vérité. — Éd.

par derrière celui de Jocelin, éclairés par une lampe que le dernier tenait à la main.

— Que voulez-vous? demanda Tomkins.

— Je veux entrer sur-le-champ, répondit Everard. Joliffe, vous me connaissez?

— Oui, monsieur, répondit Jocelin, et je vous ouvrirais de tout mon cœur ; mais vous voyez que je ne suis pas le maître des clefs. — Voilà celui qui doit donner des ordres ici.—Dieu du ciel! dans quel temps nous vivons !

— Et quand monsieur, qui, je crois, est le valet de maître Desborough...

— L'indigne secrétaire de Son Honneur, s'il vous plaît, dit Tomkins.

— Vous aviez raison, Markham, dit Wildrake à l'oreille de son ami; je ne veux plus être secrétaire. Le nom de clerc aura quelque chose de plus noble.

— Si vous êtes secrétaire de maître Desborough, dit Everard à l'indépendant, vous devez me connaître, et savoir quel grade j'occupe; et je présume que vous n'hésiterez pas à me recevoir pour cette nuit dans la Loge, moi et celui qui est à ma suite.

— Certainement non, répondit Tomkins, certainement non, c'est-à-dire si Votre Honneur ne croit pas pouvoir se loger plus convenablement à l'auberge de la ville, qu'on appelle fort inconsidérément l'auberge de Saint-Georges. Votre Honneur sera logé ici d'une manière fort peu commode; nous y avons déjà reçu une visite de Satan qui a pensé nous faire mourir de frayeur, quoique l'odeur du soufre soit dissipée.

— Cette histoire pourra trouver sa place, monsieur le secrétaire, dit Markham, et vous pourrez l'amener à propos dans votre premier sermon. Mais je n'admettrai aucune excuse pour me retenir ici au froid et au vent; et, si vous ne me recevez pas tout-à-l'heure d'une manière convenable, je ferai mon rapport à votre maître de votre insolence à mon égard.

Le secrétaire de Desborough n'osa faire une plus longue opposition. Desborough ne devait son importance qu'à sa qualité de parent de Cromwell, et l'on savait que le lord général, qui jouissait déjà alors d'une autorité presque souveraine, avait admis très-intimement dans ses bonnes graces les deux Everard, père et fils. Il est vrai qu'ils étaient presbytériens et qu'il était indépendant; et, quoiqu'ils partageassent ces sentimens de morale pure et de religieux enthousiasme qui distinguaient, à peu d'exceptions près, le parti parlementaire, ils n'étaient pas disposés à s'exalter jusqu'à ce fanatisme que tant d'autres affichaient à cette époque. Mais on savait parfaitement que, quelles que fussent les opinions religieuses personnelles de Cromwell, elles n'étaient pas toujours une digue qui s'opposait au cours de ses bonnes graces, et qu'il répandait ses faveurs sur tous ceux qui pouvaient lui être utiles, quoiqu'ils sortissent, pour employer le langage du temps, des ténèbres de l'Égypte. Everard jouissait d'une grande réputation de prudence et de sagacité; d'ailleurs, il était d'une bonne famille; il possédait une fortune considérable; et son adhésion donnait de la considération au parti qu'il avait embrassé. Son fils s'était distingué en portant les armes, et avait toujours obtenu des succès. Il s'était fait remarquer tant à cause de la discipline qu'il maintenait parmi ses soldats que par la bravoure qu'il déployait dans l'action et par son humanité après la victoire. On ne pouvait négliger de pareils hommes, quand tout annonçait que le parti qui avait amené la déposition et la mort du roi était sur le point de se diviser pour le partage des dépouilles. Cromwell témoignait donc une grande faveur aux deux Everard; on leur supposait tant d'influence sur lui, que M. le secrétaire Tomkins le Fidèle ne se souciait pas de s'exposer, pour une bagatelle, au ressentiment du colonel Everard en lui refusant l'entrée de la Loge pour y passer la nuit.

Jocelin, de son côté, déployait toute son activité. Il augmenta le nombre des lumières, jeta plus de bois sur le feu, et les deux étrangers se trouvèrent introduits dans l'appartement de Victor Lee, nom qu'on lui avait donné d'après le portrait suspendu au-dessus de la cheminée, comme nous l'avons déjà dit.

Il se passa plusieurs minutes avant que le colonel pût reprendre sa contenance ferme et stoïque, à cause des émotions que lui causait la vue d'un appartement dans lequel il avait passé les heures les plus heureuses de sa vie. Il y retrouvait le cabinet dont il avait vu si souvent avec transport la porte s'ouvrir quand sir Henry Lee lui donnait des leçons sur l'art de la pêche, et lui montrait les lignes, les hameçons et les matériaux pour faire des appâts artificiels alors encore peu connus. Il y revoyait cet ancien portrait de famille qui, d'après quelques expressions singulières et mystérieuses de son oncle, était devenu pour lui, dans son enfance, un objet de curiosité et de crainte; et il se rappelait que, lorsqu'il était seul dans cette chambre, ce vieux guerrier peint sur cette toile semblait toujours fixer sur lui un regard pénétrant, en quelque endroit qu'il se plaçât, et que son imagination enfantine était troublée par un phénomène qu'elle ne pouvait expliquer.

A ces souvenirs il s'en joignait mille autres plus vifs et plus chers, qui naissaient de la tendresse qu'il avait conçue dès sa plus tendre jeunesse pour sa jolie cousine Alice quand il l'aidait à apprendre ses leçons, qu'il lui apportait de l'eau pour arroser ses fleurs, ou qu'il l'accompagnait pendant qu'elle chantait. Il se rappela même que, tandis que sir Henry les regardait tous deux en souriant avec un air d'affection et de bonne humeur, il l'avait entendu une fois se dire à lui-même à demi-voix : — Et quand cela serait, ce ne serait un malheur ni pour l'un ni pour l'autre. — Que de rêves de bonheur ce peu de mots lui avaient fait faire ! Mais ces visions brillantes s'étaient dissipées au son de la trompette guerrière qui avait appelé sir Henry sous les drapeaux du roi, et son neveu sous ceux de la république ; ce qui venait de se passer dans cette journée achevait de prouver que le succès même que Markham avait obtenu comme soldat et comme homme d'état semblait opposer un obstacle invincible aux vœux de son cœur.

Il fut tiré de sa rêverie par l'arrivée de Jocelin, qui, étant peut-être un buveur aguerri, avait fait tous les préparatifs nécessaires avec plus de célérité et d'exactitude qu'on n'aurait dû l'attendre d'un homme qui avait passé toute la soirée comme lui.

Il venait, dit-il, demander quels ordres le colonel avait à lui donner pour la nuit ? Désirait-il prendre quelque chose ?

— Non.

— Son Honneur voulait-il coucher dans le lit de sir Henry Lee ? Il était déjà préparé.

— Oui.

— On donnerait au digne secrétaire celui de miss Alice.

— Non ! si tu veux conserver tes oreilles !

— Et où donc placer le digne secrétaire ?

— Dans le chenil, si bon te semble ! s'écria Markham. — Mais (ajouta-t-il en s'avançant vers la porte de la chambre à coucher d'Alice, qui donnait dans cet appartement, qu'il ferma au double tour, et dont il prit la clef) personne ne profanera cette chambre.

— Son Honneur a-t-il quelques autres ordres à me donner ?

— Non ; si ce n'est de me débarrasser de cet homme. — Mon clerc restera avec moi ; — j'ai des lettres à lui dicter. — Un moment ! — Tu as remis ma lettre ce matin à miss Alice ?

— Certainement.

— Dis-moi, mon bon Jocelin, qu'a-t-elle dit en la recevant ?

— Elle a paru fort affligée, monsieur; et..... je crois même qu'elle a pleuré un peu ; — oui vraiment, elle m'a paru fort affligée.

— Et quel message t'a-t-elle donné pour moi ?

— Elle ne m'a donné aucun message pour Votre Honneur. — Elle avait commencé à dire : — Répondez à mon cousin Everard que je ferai part à mon père des propositions amicales de mon oncle dès que j'en trouverai l'occasion ; mais que je crains bien que... Là elle s'interrompit et ajouta : — J'écrirai à mon cousin ; et, comme il sera peut-être tard avant que je puisse parler à mon père, vous viendrez chercher ma lettre demain matin après le service. J'allai donc à l'église pour tuer le temps; mais, en revenant ici, j'y trouvai cet homme qui venait de sommer mon maître d'en déguerpir, et, bon gré mal gré, il fallut que je le misse en possession de la Loge. — J'aurais bien voulu pouvoir prévenir Votre Honneur que le vieux chevalier et ma jeune maîtresse allaient probablement vous surprendre au gîte; mais il n'y a pas eu moyen.

— Tu as fait pour le mieux, mon bon Jocelin, et je ne t'oublierai pas, répondit le colonel.

S'avançant ensuite vers les deux clercs ou secrétaires qui s'étaient attablés amicalement, et qui faisaient connaissance aux dépens de la grande cruche placée sur la table : — Et maintenant, mes maîtres, leur dit-il, permettez-moi de vous rappeler que la nuit est déjà bien avancée.

— Il y a encore au fond de la cruche quelque chose qui fait tic-tac, répondit Wildrake.

Le colonel au service du parlement d'Angleterre toussa plusieurs fois; et, si sa bouche ne proféra pas de juremens contre l'impudence de son compagnon, je n'oserais répondre de ce qui se passa dans son cœur.— Eh bien! dit-il en voyant que Wildrake venait de remplir son verre et celui de Tomkins, buvez ce dernier coup, et retirez-vous.

— Ne seriez-vous pas charmé d'abord, monsieur, dit Wildrake, de savoir comme quoi cet honnête homme a vu le diable ce soir par un carreau de cette fenêtre; et comme quoi il pense qu'il a une ressemblance admirable avec l'humble serviteur et l'indigne clerc de Votre Honneur? — Ne voudriez-vous pas entendre cette histoire, monsieur, en buvant un verre de cette eau-de-vie que je puis vous recommander?

11.

— Je n'en boirai pas, monsieur, répondit le colonel avec sévérité; et j'ai à vous dire que vous en avez déjà bu un verre de trop, M. Tomkins; je vous souhaite une bonne nuit.

— Un mot d'édification ne sera pas déplacé avant de nous séparer, dit Tomkins en se levant de table. Et, s'appuyant sur le dossier d'une chaise, il se mit à tousser comme pour se disposer à prononcer une exhortation pieuse.

— Excusez-moi, monsieur, dit Markham d'un ton grave; vous n'êtes pas assez maître de vous-même pour prétendre guider la dévotion des autres.

— Malheur à ceux qui refusent d'écouter,.... dit le secrétaire des commissaires en sortant de l'appartement; mais le bruit que fit la porte en se fermant empêcha d'entendre le reste de la phrase, ou peut-être n'osa-t-il la finir, de peur d'offenser le colonel.

— Et maintenant, fou de Wildrake, va te coucher, tu trouveras ton lit dans cet appartement, dit Markham en lui montrant une porte qui conduisait dans la chambre à coucher de sir Henry.

— Quoi! vous gardez donc pour vous celui de la jeune dame? Je vous ai vu en mettre la clef dans votre poche.

— Je ne voudrais ni ne pourrais y dormir, je ne puis dormir nulle part cette nuit; je la passerai sur ce fauteuil; j'ai fait préparer du bois pour entretenir le feu. Bonsoir, et puisse un bon sommeil dissiper les fumées de l'eau-de-vie.

— Les fumées! tu me fais rire de mépris, Markham; tu n'es qu'une soupe au lait; tu l'es de père en fils; tu ne sais pas ce qu'un honnête garçon est en état de faire le verre à la main.

— Tous les vices de sa faction se sont réunis sur ce pauvre diable, se dit le colonel à lui-même en jetant un regard de côté sur son protégé, tandis qu'il gagnait l'appartement indiqué, d'un pas qui n'était pas très-ferme; il est téméraire, ivrogne, débauché, et si je ne puis le mettre en lieu de sûreté en le faisant embarquer pour la France, il causera certainement sa perte et la mienne; cependant il est bon, brave, généreux, et il aurait bien sûrement fait pour moi ce qu'il attend de moi en ce moment. Et quel mérite pouvons-nous nous attribuer, si nous ne tenons la promesse que nous avons faite qu'autant que nous sommes certains qu'elle ne pourra nous être préjudiciable? Cependant je prendrai la liberté de m'assurer qu'il ne m'interrompra point pendant le reste de la nuit.

A ces mots il alla fermer la porte de communication qui séparait les deux chambres; et, s'étant promené quelques instans dans la sienne d'un air pensif, il s'assit dans un fauteuil, arrangea sa lampe pour qu'elle donnât plus de clarté, et tira de sa poche un paquet de lettres.

— Je les lirai encore une fois, dit-il; peut-être, en m'occupant des affaires publiques, parviendrai-je à rendre moins accablant le poids de mes affections personnelles. Gracieuse Providence! quelle sera la fin de tout ce qui se passe! Nous avons sacrifié la paix de nos familles, et oublié les désirs les plus ardens de nos jeunes cœurs, pour délivrer de l'oppression le pays dans lequel nous sommes nés, et cependant chaque pas que nous avons fait vers la liberté n'a servi qu'à nous faire apercevoir de nouveaux périls, des dangers plus effrayans ; comme celui qui gravit une montagne escarpée se trouve, à mesure qu'il s'élève, dans une situation plus hasardeuse.

Il s'occupa alors assez long-temps à lire différentes lettres d'un style aussi ennuyeux qu'ambigu, dans lesquelles ceux qui lui écrivaient, tout en plaçant devant lui la gloire de Dieu et la liberté de l'Angleterre comme l'unique but de toutes leurs actions, ne purent, malgré toutes les circonlocutions auxquelles ils avaient eu recours, empêcher le clairvoyant Markham Everard de reconnaître que l'intérêt personnel et des vues ambitieuses étaient le principal ressort qui les faisait mouvoir.

CHAPITRE VI.

« Le sommeil nous surprend comme la mort, sa sœur.
» Nul ne sait quand il vient, mais il faut qu'il arrive.
» On feint de mépriser sa force lénitive,
» Car tout homme aime à dire, en ses afflictions,
» Qu'il n'est pas pour ses maux de consolations.
» Et cependant l'amant qui pleure sa maîtresse,
» Le père en deuil d'un fils objet de sa tendresse,
» Même le malheureux qui doit le lendemain
» Sur un honteux gibet terminer son destin,
» Sentent ce doux oubli leur fermer la paupière,
» Et tous leurs maux n'y sont qu'une faible barrière.
» L'esprit a beau lutter, faire le fanfaron,
» Le corps, toujours vainqueur, surprend la garnison. »

HERBERT.

Le colonel Everard servit de preuve à la vérité contenue dans les vers de l'ancien poète que nous venons de citer. Au milieu des chagrins privés et des inquiétudes qu'inspirait l'état d'un pays si long-temps en proie à la guerre civile, et qui ne paraissait pas devoir obtenir de si tôt une forme de gouvernement stable et bien établie, Everard et son père, de même que beaucoup d'autres, avaient fixé leurs yeux sur le général Cromwell comme sur l'homme le plus propre à fermer les plaies de l'Angleterre. C'était ce général que sa valeur avait rendu le favori de l'armée, celui dont la sagacité l'avait emporté jusqu'alors sur tous les hommes de talent qui l'avaient attaqué dans le parlement, aussi-bien que sur ses ennemis dans les combats, et qui seul était en état d'arranger les affaires de la nation, comme on le disait alors, ou plutôt, et en d'autres termes, d'imposer tel mode de gouvernement qu'il lui plairait. Le père et le fils passaient pour avoir obtenu les bonnes graces du général; mais Markham Everard était informé de quelques circonstances qui le portaient à douter que Cromwell fût aussi favorablement disposé au fond du cœur pour son père et pour lui qu'on le croyait généralement. Il le connaissait pour un profond politique, capable de cacher, aussi long-temps que bon lui semblait, son opinion réelle des hommes et des choses, jusqu'à ce qu'il pût la dévoiler sans risquer de nuire à son intérêt. Il savait d'ailleurs que le général n'était pas homme à oublier l'opposition que le parti presbytérien avait apportée à ce que Olivier appelait la grande affaire, c'est-à-dire le jugement et l'exécution du roi. Son père et lui avaient pris une part active à cette opposition, et ni les argumens de Cromwell ni ses demi-menaces n'avaient pu les faire dévier de la marche qu'ils avaient cru devoir suivre en cette occasion; jamais surtout il n'était parvenu à obtenir que leurs noms figurassent parmi ceux des membres choisis pour composer cette commission mémorable.

Cette fermeté avait, pendant quelque temps, jeté du froid entre le général et les deux Everard. Mais Markham étant resté dans l'armée, et ayant porté les armes sous Cromwell en Écosse et enfin à Worcester, ses services lui valurent souvent des éloges de la part de son général. Après la bataille de Worcester surtout, il fut du nombre de ces officiers à qui Olivier, considérant plutôt la nature et l'étendue de son pouvoir que son titre, avait voulu accorder la dignité de chevalier banneret au gré de son bon plaisir, ce dont on eut beaucoup de peine à le détourner. Il semblait donc que tout souvenir de l'opposition dont nous avons parlé s'était effacé de son esprit, et que les Everard avaient regagné tout leur crédit auprès du général.

Plusieurs personnes doutaient pourtant encore que cet oubli fût sincère de la part de Cromwell, et s'efforçaient d'entraîner ce jeune officier distingué dans quelqu'un des autres partis qui divisaient la république au berceau; mais il fermait l'oreille à toutes ces propositions. — Assez de sang avait été répandu, disait-il; il était temps que la nation jouît de quelque repos sous un gouvernement stable, assez fort pour protéger les propriétés, et assez doux pour encourager le retour de la tranquillité publique : ce but, selon lui, ne pouvait être atteint que par le moyen de Cromwell, et la plus grande partie de l'Angleterre pensait comme lui. Il était vrai que ceux qui se soumettaient ainsi à la domination d'un soldat heureux oubliaient les principes qui leur avaient fait prendre les armes contre le feu roi; mais, dans les révolutions, les principes rigoureux sont souvent obligés de céder au torrent des circonstances, et dans bien des cas où des guerres se sont allumées pour un fantôme de droit métaphysique, on s'est trouvé enfin fort heureux de les voir s'éteindre uniquement dans l'espoir de recouvrer la tranquillité générale, de même qu'après un long siège la garnison se rend souvent sans autre condition que d'avoir la vie sauve.

Le colonel Everard ne se dissimulait pas que l'appui qu'il accordait à Cromwell n'avait pour cause que la conviction où il était que, dans un moment où l'on n'avait que le choix des maux, on prenait le parti qui en laissait le moins à craindre, en conservant à la tête du gouvernement un homme qui avait tant de prudence et de valeur; et il sentait qu'Olivier de son côté le regardait probablement comme un homme qui n'avait pour sa personne qu'un attachement tiède et imparfait, et que sa reconnaissance se mesurerait sur ce principe.

Cependant les circonstances le forçaient à mettre à l'épreuve l'amitié du général. Le séquestre de Woodstock avait été prononcé; l'ordre d'en disposer comme d'une propriété nationale avait été donné aux commissaires il y avait déjà long-temps, et ce n'était que par suite du crédit d'Everard le père que l'exécution en avait été différée de semaine en semaine et de mois en mois. Le moment arrivait où il ne serait plus possible de parer ce coup, d'autant plus que sir Henry Lee, de son côté, avait résisté à toutes les propositions qui lui avaient été faites de se soumettre au gouvernement existant, et que, maintenant que son heure de grace était passée, il venait d'être inscrit sur la liste des malveillans obstinés et incorrigibles avec lesquels le conseil d'état avait résolu de ne plus garder aucun ménagement. Le seul moyen de protéger le vieux chevalier et sa fille était donc d'intéresser personnellement à cette affaire le général lui-même, s'il était possible. En se rappelant toutes les circonstances relatives à sa liaison avec lui, le colonel Everard sentait qu'une demande si contraire à l'intérêt de Desborough, beau-frère de Cromwell et l'un des commissaires actuels, mettrait à une grande épreuve l'affection douteuse de celui-ci : cependant il n'avait pas d'autre alternative.

Dans cette vue, et à la requête même de Cromwell, qui, en le quittant, lui avait demandé en termes très-pressans de lui donner son opinion par écrit sur l'état des affaires publiques, Markham passa une partie de la nuit à mettre en ordre ses idées sur la situation actuelle de la république, et à en former un plan qu'il crut pouvoir être agréable au général.

Prenant ensuite la plume, il écrivit à Cromwell en l'exhortant à devenir, avec le secours de la Providence, le sauveur de l'état, à convoquer un parlement libre, et, par le concours de cette assemblée, à se placer à la tête de quelque forme de gouvernement libéral, solidement établi, et capable de mettre fin à l'anarchie qui menaçait de dévaster le pays. Examinant sous un point de vue général la situation des royalistes, qui n'avaient plus ni chef ni point de réunion, et celle des différentes factions qui troublaient l'état, il démontra que ce projet pouvait s'exécuter sans violence et sans répandre une seule goutte de sang. Il s'appliqua alors à prouver que, dans quelques mains que tombât le pouvoir exécutif, il était nécessaire qu'il fût environné d'une pompe convenable, et que Cromwell, comme stathouder, ou consul, ou lieutenant-général de la Grande-Bretagne, devait avoir des domaines et des habitations dignes du chef d'une grande puissance. De là il passa, par une transition naturelle, à la destruction des parcs et des palais du roi, traça un tableau lamentable de la dévastation qui menaçait Woodstock, et finit par en demander la conservation comme une faveur spéciale.

Le colonel Everard, après avoir fini cette lettre, ne se trouva pas fort relevé à ses propres yeux. Dans tout le cours de sa conduite politique, il avait jusqu'alors évité de mêler aucun intérêt personnel aux motifs d'utilité publique qui le faisaient agir; et maintenant il sentait qu'il venait de composer avec lui-même à cet égard. Mais il se rassura, ou du moins il écarta cette réflexion pénible en se répétant que l'intérêt de la Grande-Bretagne demandait absolument que Cromwell fût à la tête du gouvernement, et que celui de sir Henry Lee, ou, pour mieux dire, sa sûreté et son existence exigeaient aussi impérieusement que Woodstock fût conservé, et qu'il continuât à y demeurer. Était-ce sa faute si le même chemin conduisait également à ce double but, et s'il en résultait que son intérêt privé et celui de l'état se trouvassent mêlés dans la même lettre? Il fit donc taire les reproches de sa conscience, plia sa lettre, y mit l'adresse, et la cacheta du sceau de ses armes. Cela fait, il s'enfonça dans son fauteuil, s'endormit, contre son attente, au milieu de ses réflexions, quelque inquiétantes et quelque désagréables qu'elles fussent, et ne s'éveilla que lorsque la première clarté de l'aurore pénétra à travers une fenêtre du côté de l'orient.

Il tressaillit d'abord, et se leva avec les sensations d'un homme qui se trouve, en s'éveillant, dans un lieu qui lui est inconnu. Mais la lampe qui ne donnait plus qu'une faible lueur, le feu presque éteint, le portrait placé sur la cheminée, sa lettre cachetée restée sur la table, tout concourait à lui rappeler les événemens de la veille, et à ramener le cours des réflexions qu'il faisait avant de s'endormir.

— Il n'y a pas de milieu, pensa-t-il ; il faut choisir entre Cromwell ou l'anarchie. Il ne devra son titre, comme chef du pouvoir exécutif, qu'au consentement du peuple ; et cette idée l'arrêtera s'il cherchait jamais à se rendre arbitraire par un penchant trop naturel à l'autorité ; s'il gouverne avec l'aide du parlement, s'il respecte les privilèges de ses sujets, pourquoi pas Olivier aussi bien que Charles ? — Mais il faut prendre des mesures pour faire remettre sûrement cette lettre entre les mains de ce futur prince souverain. Il est temps de prononcer le premier mot qui puisse avoir de l'influence sur lui, car il se trouvera assez de gens qui n'hésiteront pas à lui donner des conseils plus violens et plus hasardés.

Markham se détermina à confier cette missive importante à son ami Wildrake, qui n'était jamais si téméraire et si inconsidéré que lorsqu'il était sans occupation. Il savait qu'il pouvait compter sur le sentiment d'honneur qui lui était naturel, et que, dans tous les cas, les services qu'il lui avait rendus l'assuraient de sa fidélité.

Cette résolution fut prise par le colonel Everard tandis qu'il rassemblait les tisons épars dans le foyer, et qu'il en tirait une nouvelle flamme dont ses membres engourdis par le froid sentirent bientôt l'influence salutaire; mais, tandis qu'il commençait à se réchauffer, ses yeux se fermèrent de nouveau, et les rayons du soleil éclairaient l'appartement quand il s'éveilla pour la seconde fois.

Il se leva, fit quelques tours dans la chambre, et s'approcha de la fenêtre, d'où il jeta un coup d'œil sur les objets les plus voisins. C'étaient les haies que le ciseau n'avait pas touchées depuis long-temps, et les allées également négligées d'un certain *désert*, pour lui conserver le nom consacré par les anciens traités du jardinage, et qui, entretenu autrefois avec le plus grand soin selon les règles de l'art, offrait une longue suite d'ifs taillés en formes fantastiques; toute cette étendue d'allées étroites et de larges promenades couvrait deux ou trois acres de terrain qui séparaient le parc du jardin, et était entourée d'une clôture à laquelle le temps avait fait plus d'une brèche; de sorte que les biches et leurs faons venaient paître librement et sans crainte jusque sous les fenêtres de ce palais champêtre.

Ce lieu avait été le théâtre favori des jeux de Markham pendant son enfance. Il pouvait encore reconnaître malgré les nombreux changemens survenus dans leur forme, les créneaux verdoyans d'un château gothique créé par le ciseau du jardinier, contre lequel il avait coutume de lancer des flèches. Il se promenait aussi comme le chevalier errant dont il avait lu l'histoire, sonnant du cor, et défiant le géant ou le chevalier païen qui en était supposé le maître.

Il se rappelait surtout comment il avait habitué sa cousine, quoique plus jeune que lui de plusieurs années, à prendre part à ces jeux enfantins, et à jouer le rôle d'un page espiègle, d'une fée ou d'une princesse enchantée: sa mémoire ne lui retraçait aussi que trop fidèlement maintes circonstances d'où il avait pu conclure que leurs parens avaient, depuis long-temps, conçu l'idée qu'un mariage entre lui et sa belle cousine serait convenable sous tous les rapports. Toutes ces visions brillantes se représentaient à lui en ce moment comme des ombres, pour lui rappeler tout ce qu'il avait perdu.

— Et pourquoi l'ai-je perdu ? se demandait-il à lui-même. — Pour l'amour de l'Angleterre, répondait sa conscience avec fierté, de l'Angleterre en danger de devenir la proie de la bigoterie et de la tyrannie en même temps. Et il se fortifiait contre lui-même en faisant cette réflexion : — Si j'ai sacrifié mon bonheur, c'est pour procurer à ma patrie la liberté des personnes et celle des consciences, qu'il n'était que trop vraisemblable qu'elle aurait perdues sous un prince faible et sous des ministres usurpant tous les droits du peuple.

Mais cette réflexion ne pouvait imposer silence à une voix secrète qui s'élevait dans son cœur. — A quoi ta résistance a-t-elle servi à ta patrie, Markham Everard? lui demandait-elle. Après avoir vu répandre tant de sang, après avoir souffert tant de maux, l'Angleterre est-elle plus heureuse sous l'épée d'un soldat fortuné qu'elle ne l'était sous le sceptre d'un prince dominateur? Le parlement, ou ce qui en reste, est-il en état de lutter contre un chef maître des cœurs de ses soldats, aussi entreprenant et aussi subtil qu'impénétrable dans ses desseins ? Ce général, qui dispose de l'armée, et qui, par elle, tient en ses mains le destin de la nation, renoncerait-il à son pouvoir parce que la philosophie prononcerait qu'il est de son devoir de reprendre le rang de sujet?

Il n'osait répondre que la connaissance qu'il avait de Cromwell l'autorisait à attendre de lui un tel acte d'abnégation de soi-même. Cependant il pensait que, dans un temps si difficile, le meilleur gouvernement doit être celui qui, malgré ses imperfections, paraît devoir rendre le plus promptement la paix au pays, et cicatriser les blessures que les factions opposées lui faisaient tous les jours. Il s'imaginait que Cromwell était le seul homme sous l'autorité duquel un gouvernement stable pût s'établir; et c'était pourquoi il s'était attaché à sa fortune, quoique ce ne fût pas sans scrupules, et sans douter souvent jusqu'à quel point la conduite qu'il tenait, en favorisant les vues de ce général mystérieux et impénétrable, était d'accord avec les principes qui l'avaient décidé à prendre les armes.

Tandis que toutes ces idées se succédaient dans son esprit, ses regards tombèrent sur la lettre qu'il avait écrite à Cromwell avant de s'endormir, et qui était encore sur la table. Il hésita plusieurs fois en se rappelant ce qu'elle contenait, et en songeant à quel point il allait se trouver enchaîné à ce personnage, qu'il serait obligé de soutenir dans tous ses plans d'agrandissement de sa puissance, quand une fois cette missive aurait été remise entre ses mains.

— Il le faut pourtant! dit-il avec un profond soupir. Parmi les partis qui se déchirent, il est le plus fort, le plus sage, le plus modéré, et, quelque ambitieux qu'il soit, il n'est peut-être pas le plus dangereux. Il faut confier l'autorité à quelqu'un pour rétablir l'ordre et maintenir la tranquillité; et qui peut avoir une autorité aussi forte que celui qui est à la tête des armées victorieuses d'Angleterre? Quoi qu'il puisse arriver à l'avenir, la paix et le rétablissement des lois, voilà quel doit être notre premier, notre plus pressant objet. Ce reste de parlement ne peut maintenir son terrain contre l'armée par un simple appel à l'opinion publique. S'il veut réduire la force militaire, il faut que ce soit par les armes, et le pays n'a déjà été que trop long-temps abreuvé de sang. Cromwell, au contraire peut — et il le voudra, j'espère, — consentir à des arrangemens raisonnables, sur des bases qui pourront assurer la paix, et c'est sur quoi nous devons compter pour le bonheur de ce royaume, et, hélas! pour garantir mon parent opiniâtre des suites de sa loyale mais absurde obstination.

Imposant silence à ses doutes et à ses scrupules, et surmontant même une sorte de répugnance intérieure par de semblables raisonnemens, Markham persista dans sa résolution de rester uni à Cromwell dans la lutte qui allait éclater entre l'autorité civile et le pouvoir militaire. — Ce ne serait pas peut-être la marche que j'aurais adoptée de préférence si j'étais libre, se dit-il; mais c'est la meilleure des deux alternatives dangereuses auxquelles le malheur du temps nous a réduits.

Il ne put cependant s'empêcher de trembler en songeant que son père, jusqu'alors admirateur de Cromwell, qu'il regardait comme l'instrument qui avait opéré tant de merveilles en Angleterre, pourrait cependant bien ne pas être disposé à prendre parti pour lui contre le long parlement, dont il avait été un des membres les plus actifs et les plus influens jusqu'à ce qu'une longue indisposition l'eût obligé à s'y montrer moins fréquemment. C'était un nouveau doute qu'il fut encore forcé de dissiper par l'argument trop facile qu'il était impossible que son père vît les choses sous un autre jour que celui sous lequel elles se présentaient à lui-même.

CHAPITRE VII.

Décidé enfin à envoyer sans délai son épître au général, le colonel Everard s'approcha de la porte de la chambre dans laquelle il était évident, par la respiration sonore qu'on entendait dans l'intérieur, que son prisonnier Wildrake dormait encore profondément sous la double influence de la liqueur et de la fatigue. En tournant la clef, la serrure rouillée fit une résistance si bruyante que le repos du prisonnier en fut interrompu, sans pourtant qu'il s'éveillât complètement.

— Fait-il déjà jour, geôlier? demanda-t-il tandis qu'Everard était debout près de son lit; si vous aviez un seul grain d'humanité, chien que vous êtes, vous feriez passer vos mauvaises nouvelles avec un bon verre de vin. — On n'est pendu qu'une fois, mon maître, et le chagrin rend le gosier sec.

— Lève-toi, Wildrake, lève-toi, rêveur malencontreux, lui dit son ami en le prenant au collet pour le secouer.

— A bas les mains! dit le dormeur: je me flatte d'être en état de monter à l'échelle sans aide.

Il se mit alors sur son séant, ouvrit les yeux, regarda autour de lui d'un air de surprise, et s'écria:

— Morbleu! ce n'est que toi, Markham! je croyais que c'en était fait de moi: — il me semblait qu'on m'avait ôté les fers des pieds et des mains; je voyais devant moi une corde perpendiculaire; — je sentais autour de mon cou une cravate de chanvre; tout me paraissait prêt pour une danse en plein air.

— Trêve de folie, Wildrake; le démon de l'ivrognerie, auquel je crois que tu t'es vendu.....

— Pour un tonneau de vin du Rhin. — Le marché a été conclu dans une cave.

— Il faut que je sois aussi fou que tu l'es pour songer à te confier un message. Je doute que tu aies encore retrouvé ton bon sens.

— Et pourquoi? je ne crois pas avoir rien bu en dormant, si ce n'est que j'ai rêvé que je buvais avec le vieux Noll de la petite bière qu'il avait brassée lui-même (1). Ne prends pas un air si sombre, Markham; je suis ce que j'ai toujours été, Roger Wildrake, un vrai canard sauvage, mais brave comme un coq. Je suis tout à toi, enchaîné par les services que tu m'as rendus, *devinctus beneficio;* c'est du bon latin, j'espère. — Et quelle est l'affaire dont tu voudrais me charger que je

(1) Cromwell appartenait à une de ces familles qui tenaient le milieu entre la noblesse et la bourgeoisie; mais ceux qui croyaient que la naissance était la première qualité d'un roi, prétendaient malicieusement qu'il avait exercé la profession de brasseur. — Éd.

ne veuille ou que je n'ose entreprendre, quand il s'agirait d'arracher les dents du diable avec ma rapière, après qu'il aurait fait son déjeuner de quelques Têtes-Rondes?

— Tu veux me faire perdre l'esprit! lorsque je suis sur le point de te confier l'affaire la plus importante que j'aie en ce monde, tu agis et tu parles comme un habitant de Bedlam! Hier soir j'ai enduré ta folie d'ivresse, mais comment en supporter une semblable ce matin! C'est vouloir nous mettre en danger tous deux, Wildrake. C'est un manque d'affection, je pourrais dire une ingratitude.

— Ah! ne dis pas cela, mon cher Markham, reprit Wildrake avec une sorte de sensibilité ; nous autres qui avons tout perdu dans ces tristes dissensions ; qui sommes obligés de vivre, non pas au jour le jour, mais de l'heure à l'heure, qui n'avons pour toute retraite qu'un cachot, d'autre perspective de repos qu'un gibet ; que peux-tu exiger de nous, si ce n'est de supporter avec gaieté un destin dont le poids nous accablerait si nous nous livrions au chagrin?

Le ton de sensibilité avec lequel Wildrake venait de s'exprimer émut Everard à son tour. Il prit la main de son ami, et la serra avec affection.

— Si mes paroles t'ont semblé un peu dures, Wildrake, lui dit-il, je t'assure qu'elles sont sorties de ma bouche par intérêt pour toi plutôt que pour moi-même. Je sais que toute ta légèreté couvre un vrai principe d'honneur et une sensibilité naturelle. Mais tu es téméraire, tu es inconsidéré; et je te proteste que si tu te nuisais à toi-même dans l'affaire dont j'ai dessein de te charger, les conséquences fâcheuses qui pourraient en résulter pour moi ne m'affligeraient pas plus que l'idée de t'avoir exposé à un tel danger.

— Si tu le prends sur ce ton, Markham, répondit le Cavalier en faisant un effort pour rire, afin de cacher une émotion d'un genre tout différent, tu feras de nous des enfans, des enfans à la mamelle, de par la garde de mon épée! Allons, fie-toi à moi. Je puis être prudent quand la circonstance l'exige. Personne ne m'a jamais vu boire quand on attend une alerte; et je n'avalerai pas une pauvre pinte de vin avant d'avoir exécuté ta mission. Eh bien, je suis ton secrétaire, — non, j'oubliais, ton clerc. Voici une lettre qu'il faut sans doute porter à Cromwell. Fort bien, je la remettrai entre les dignes mains de celui à qui elle est adressée, en prenant garde de ne pas me laisser dévaliser de mon bagage de loyauté. Mais, morbleu! réfléchis-y encore une fois, Markham! Sûrement tu ne porteras pas la perversité au point de prendre parti pour ce rebelle sanguinaire dans la lutte qui se prépare? Ordonne-moi de lui enfoncer trois pouces de lame dans le corps; cela me conviendra beaucoup mieux que de lui présenter cette épître.

— En voilà assez, Wildrake; — ceci passe les bornes de notre traité. Si tu veux me rendre service, fort bien; sinon, je n'ai pas de temps à perdre à discuter avec toi, car chaque instant me paraîtra un siècle jusqu'à ce que je sois sûr que cette lettre est entre les mains du général. C'est le seul moyen qui me reste pour obtenir quelque protection et un lieu de refuge pour mon oncle et sa fille.

— Si c'est là ce dont il s'agit, je n'épargnerai pas l'éperon. Mon cheval, que j'ai laissé à Woodstock, sera prêt en un clin d'œil, et tu peux compter que je serai en face du vieux Noll, — de ton général, je veux dire, — en aussi peu de temps qu'il en faut pour courir à franc étrier d'ici à Windsor, où je présume que je trouverai ton ami en possession des biens de celui qu'il a tué.

— Chut ! Pas un mot de cela ! — Depuis que nous nous sommes quittés hier soir, je t'ai frayé un chemin qu'il te sera plus facile de suivre que de prendre cet extérieur et ce langage décent que tu possèdes si peu. Dans ma lettre au général, je lui dis que la mauvaise éducation et les mauvais exemples que tu as reçus....

— Ce qui doit s'interpréter par les contraires, je me flatte ; car mon éducation a été aussi bonne que pourrait le désirer aucun jeune homme du comté de Leicester, et.....

— Écoute-moi, je te prie. — Je lui ai mandé que, par suite de mauvais exemples, tu avais été quelque temps un malveillant, et que tu avais pris parti pour le feu roi; mais que, voyant les grandes choses que le général avait faites pour cette nation, tu avais ouvert les yeux sur sa vocation à devenir un grand instrument du ciel pour le rétablissement de l'ordre dans ce malheureux pays. Ce compte que je lui rends de toi non-seulement le portera à juger moins sévèrement quelques-unes de tes folies, s'il faut qu'il t'en échappe, mais te donnera même quelque crédit près de lui, comme étant plus spécialement attaché à sa personne.

— Sans contredit; comme tout pêcheur trouve toujours meilleure la truite qu'il a prise.

— Je crois qu'il est probable qu'il te renverra ici avec une lettre qui me mettra en état d'arrêter les mesures de ces commissaires au séquestre, et d'accorder au malheureux sir Henry Lee la permission de finir ses jours au milieu des chênes qu'il aime tant à voir. Je lui en ai fait la demande formelle, et je crois que le crédit de mon père, aidé du mien, peut s'étendre jusque-là, sans crainte de refus, surtout dans les circonstances actuelles. — Tu me comprends?

— Parfaitement. — S'étendre, ma foi! — j'aimerais mieux étendre une corde que d'avoir commerce avec ce vieux scélérat de tueur de rois. — Mais j'ai dit que je me laisserais guider par toi, Markham; et le diable m'emporte si je ne tiens pas ma parole.

— Sois donc circonspect. — Remarque bien tout ce qu'il dira, tout ce qu'il fera, — ce qu'il fera surtout, car Olivier est un homme dont il est plus facile de juger les pensées par ses actions que par ses paroles. — Eh bien, où vas-tu? — je parie que tu allais partir la poche vide.

— Cela n'est que trop vrai, Markham. Mon dernier noble s'est fondu hier soir dans la compagnie de vos coquins de soldats.

— Eh bien, Roger, c'est à quoi il est facile de remédier, dit le colonel en mettant sa bourse entre les mains de son ami; mais ne faut-il pas que tu sois un vrai cerveau éventé pour partir sans avoir de quoi te défrayer en route? — Qu'aurais-tu fait?

— Ma foi! c'est à quoi je n'ai pas songé. Je suppose que j'aurais été obligé de crier: Halte-là! à quelque riche citadin, ou à quelque gros fermier que j'aurais rencontré sur le grand chemin: c'est une ressource à laquelle plus d'un brave garçon a eu recours dans ce malheureux temps.

— Pars maintenant; mais de la prudence. Ne fréquente

pas tes connaissances à morale relâchée. Mets un frein à ta langue. Prends garde à la bouteille, car si tu peux te maintenir dans les bornes de la sobriété, tu ne cours pas grand danger. Parle le moins possible, et surtout, ni jurement, ni fanfaronnades.

— En deux mots, il faut me couvrir d'un masque aussi grave et aussi sérieux que ton visage, Markham. Eh bien ! en ce qui concerne l'extérieur, je crois que je puis jouer aussi bien que toi le rôle de Hope-on-high-Bomby (1). C'était un heureux temps que celui où nous vîmes Mills s'en acquitter au théâtre de la Fortune, avant que j'eusse perdu mes habits brodés et mes joyaux, et que tu eusses gagné tes sourcils froncés, et tes moustaches retroussées à la puritaine !

— Les temps dont tu parles, Wildrake, étaient ce que sont la plupart des plaisirs mondains, doux à la bouche, et amers au cœur. Mais va-t'en, et quand tu m'apporteras une réponse, tu me trouveras ici, ou à l'auberge de Saint-Georges à Woodstock. Bon voyage. Beaucoup d'attention sur toi-même.

Wildrake partit, et le colonel resta quelque temps plongé dans de profondes réflexions.

— Je ne crois pas que je me sois trop avancé avec le général, pensa-t-il. Une rupture entre lui et le parlement paraît inévitable, et rejetterait l'Angleterre dans les horreurs d'une guerre civile, dont chacun est fatigué. Mon messager peut ne pas lui plaire. Cependant c'est ce que je ne crains pas beaucoup, car il sait que je n'accorde ma confiance qu'à ceux sur qui je puis compter, et il a assez d'expérience pour

(1) Personnage puritain d'une pièce de Beaumont et Fletcher.

avoir reconnu que, parmi les sectes les plus rigides, comme dans celles qui sont plus relâchées, il se trouve des gens qui portent deux visages sous le même bonnet.

CHAPITRE VIII.

> « Ce fut là qu'il trouva ce Protecteur rigide
> » D'un pays asservi sous son joug régicide,
> » Armé de ce regard qui faisait tout frémir ;
> » Du pouvoir du sénat quand il vint s'affranchir,
> » Il chassa les marauds qui composaient la chambre ;
> » Ferma le Parlement, n'y laissa pas un membre ;
> » Forcé d'être seul maître : — à son bien grand regret, —
> » S'il ne le pensait pas, du moins il le disait. »
>
> CRABBE. *La franche déclaration.*

Laissant le colonel Everard à ses méditations sérieuses, nous suivrons dans son voyage le joyeux Cavalier, son ami, qui, avant de monter à cheval, ne manqua pas de prendre à l'auberge de Saint-Georges quelques œufs arrosés de quelques verres de vin muscat, pour se mettre en état de faire face au vent du matin.

Quoiqu'il se fût laissé entraîner par la licence extravagante à laquelle se livraient les Cavaliers, comme pour faire contraster leur conduite, sous tous les rapports, avec le rigorisme de leurs ennemis, cependant Wildrake, bien né, bien élevé, doué de talens naturels, et dont ni la débauche ni la vie désordonnée d'un franc Cavalier n'avaient pu entièrement corrompre le cœur, était agité d'un mélange de sensations telles qu'il n'en avait peut-être jamais éprouvées.

Ses sentimens, comme royaliste, le portaient à détester Cromwell, et, en toute autre circonstance, il n'aurait probablement désiré le voir que sur le champ de bataille, où il aurait pu se donner le plaisir d'échanger avec lui quelques coups de pistolet; mais à cette haine se joignait un certain degré de crainte. Toujours victorieux quand il combattait, l'homme remarquable dont Wildrake s'approchait avait acquis sur l'esprit de ses ennemis cette influence qui est due si souvent à des succès constans.—Ils le craignaient tout en le haïssant; —et chez Wildrake il se mêlait à ces deux sentimens un mouvement impatient de curiosité, qui formait un trait particulier de son caractère. N'ayant depuis long-temps que peu d'affaires personnelles, naturellement insouciant d'ailleurs, le messager de Markham s'occupait surtout de son désir curieux dans cette circonstance.

— Après tout, se dit-il à lui-même, je ne serais pas fâché de voir ce vieux coquin, quand ce ne serait que pour pouvoir dire que je l'ai vu.

Il arriva à Windsor dans l'après-midi, et il éprouva en y arrivant une grande tentation de descendre dans quelques-uns des rendez-vous de joie et de plaisir qu'il avait fréquentés autrefois dans un temps moins triste, quand par hasard il venait dans cette ville; mais il résista courageusement, et s'arrêta à la principale auberge, dont l'ancienne enseigne, la Jarretière, avait disparu depuis long-temps. L'aubergiste lui-même, que Wildrake, très-versé dans la connaissance des cabarets et des hôtelleries, se rappelait, comme un brillant échantillon de *Mon Hôte* (1), de l'école de la reine Élisabeth, s'était conformé à l'esprit du temps ; il branlait la tête en parlant du parlement ; tenait sa broche avec la même gravité qu'un prêtre qui se prépare à faire un sacrifice ; souhaitait à l'Angleterre une heureuse fin de toutes ses afflictions, et donnait de grands éloges à Son Excellence le lord général. Wildrake remarqua aussi que son vin était meilleur que de coutume, les puritains ayant un don du ciel tout particulier pour découvrir la fraude à cet égard ; et que ses mesures avaient diminué en proportion de ce que ses prix avaient augmenté, — circonstance qu'il remarqua d'autant mieux que Mon Hôte lui parla davantage de sa conscience.

Cet important personnage lui dit que le lord général était accessible pour tout le monde, et qu'il pourrait être admis près de lui le lendemain matin, à huit heures, sans autre peine que de se présenter à la porte du château, et de s'annoncer comme porteur de dépêches pour Son Excellence.

Le Cavalier déguisé se rendit au château à l'heure indiquée. Le soldat en uniforme rouge, qui, l'austérité puritaine sur le front et le mousquet sur l'épaule, montait la garde à la porte extérieure de ce noble bâtiment, le laissa passer sans difficulté. Wildrake traversa la cour en jetant un coup d'œil sur la belle chapelle qui, il n'y

---

(1) *Mine host,* mon hôte ; ces mots sont devenus une espèce de nom générique pour dire *l'aubergiste.* — Éd.

avait pas bien long-temps, avait reçu en silence, pendant les ténèbres et sans la moindre distinction honorifique, le corps du roi d'Angleterre assassiné. De quelque fermeté que se fût armé Wildrake, le souvenir de cette circonstance fit sur lui une forte impression ; même il fut sur le point de retourner sur ses pas, tant il éprouvait de répugnance à voir en face cet homme sombre et audacieux, qui, parmi tous les acteurs de cette sanglante tragédie, était celui à qui l'on devait principalement en attribuer le funeste dénouement. Cependant il sentit la nécessité de maîtriser le sentiment qui l'animait, et fit un violent effort sur lui-même pour accomplir la mission que lui avait donnée un ami à qui il avait tant d'obligations.

A la montée, près de la Tour-Ronde, il jeta les yeux sur l'endroit où était ordinairement déployée la bannière d'Angleterre. Elle avait disparu avec tous ses splendides attributs, ses armoiries royales, et sa riche broderie; on voyait flotter en place celle de la république, l'étendard bleu et rouge, la croix de Saint-Georges, quoiqu'on n'y vît point encore la croix diagonale d'Écosse, qui y fut ajoutée peu de temps après, en signe de la victoire remportée par l'Angleterre sur son ancienne ennemie. Ce changement n'était pas propre à détourner le cours de ses tristes réflexions, et elles l'occupaient à un tel point, contre son ordinaire, que la première chose qui le rappela à lui, fut le bruit de la crosse d'un mousquet qui tombait lourdement sur le pavé. Ce bruit fut accompagné de la voix forte d'une sentinelle, lui demandant d'un ton brusque qui fit tressaillir Wildrake :

— Où allez-vous ? Qui êtes-vous ?

— Je suis porteur d'une lettre pour le lord général.

— Attendez que j'appelle l'officier de garde.

Le caporal arriva. Il se distinguait des soldats qu'il commandait par un rabat génevois de double longueur, par un chapeau à grande forme de double hauteur, par des vêtemens plus amples, et par une triple provision de gravité. On pouvait lire sur sa physionomie qu'il était du nombre de ces enthousiastes farouches à qui Olivier devait ses victoires, et qu'un zèle religieux rendait redoutables même à ces Cavaliers, aussi distingués par leur naissance que par leur bravoure, qui s'épuisaient en vains efforts pour défendre la couronne et la personne de leur souverain. Il regarda Wildrake d'un air solennel, comme s'il eût fait, en esprit, inventaire de ses traits et de ses vêtemens; et, après cet examen, il lui demanda quelle affaire l'amenait.

— Une affaire, répondit Wildrake aussi fermement qu'il le put, car les regards pénétrans de cet homme lui avaient occasioné une agitation peu agréable, — une affaire qui concerne votre général.

— Son Excellence le lord général, vous voulez dire? répliqua le caporal. — Vos discours, l'ami, ne sentent pas assez le respect qui est dû à Son Excellence.

— Au diable Son Excellence! pensa Wildrake; mais la prudence veillait sur ses lèvres et ne permit pas à ces mots dangereux d'y passer. Il fit une inclination de tête et garda le silence.

— Suivez-moi, dit le sous-officier empesé qui venait de lui parler, et Wildrake le suivit dans le corps-de-garde, dont l'intérieur offrait une scène bien différente de celles que présentent de nos jours nos postes militaires.

Près du feu étaient assis trois ou quatre fusiliers écoutant un soldat qui leur expliquait quelque mystère religieux. L'orateur avait commencé à parler presque à voix basse, quoique avec beaucoup de volubilité; mais son ton s'élevait à mesure qu'il avançait dans son discours; et, en arrivant à la conclusion, il devint aigre et véhément, comme exigeant une prompte réplique ou le silence de la conviction. Ses auditeurs semblaient l'écouter avec une gravité imperturbable, et ne lui répondaient que par des bouffées de fumée de tabac, qui s'élevait en petits nuages le long de leurs épaisses moustaches.— Sur un banc était couché un soldat, le visage tourné vers la terre, et livré au sommeil ou à la contemplation, ce qu'il n'aurait pas été facile de décider.— Au milieu de l'appartement était un officier,—à en juger du moins par son baudrier brodé et par l'écharpe qu'il portait, car du reste il était mis très-simplement. — Il s'occupait à faire faire l'exercice à un vigoureux manant nouvellement enrôlé, qui exécutait ce qu'on appelait alors le *manuel*. Il y avait au moins une vingtaine de mouvemens à effectuer, et autant de termes techniques pour les commander; et, jusqu'à ce que le tout fût terminé régulièrement, le caporal ne permit à Wildrake, ni de s'asseoir, ni de s'avancer au-delà du seuil de la porte. Le jeune Cavalier eut donc à entendre successivement:—Posez le mousquet, — levez le mousquet,— armez le mousquet,—la main au chien,—et maints autres termes maintenant oubliés, jusqu'au moment où les mots,—le mousquet au bras,—terminèrent la leçon pour le moment.

—Ton nom, l'ami? dit l'officier au soldat de recrue.
—Éphraïm, répondit celui-ci avec un accent nasillard.

—Et quel autre nom suit celui d'Éphraïm?

—Éphraïm Cobb, de la sainte cité de Glocester, où j'ai servi sept ans comme apprenti d'un pieux cordonnier.

—C'est un métier honnête, dit l'officier; mais, en servant avec nous, ne doute pas que tu ne t'élèves au-dessus de l'alène et de la forme.

Un sourire qui n'avait rien de séduisant accompagna cette pauvre tentative de plaisanterie; et l'officier, se tournant alors vers le caporal qui restait à quelques pas, avec l'air d'un homme désirant de parler, lui dit:—Eh bien, caporal, qu'y a-t-il de nouveau?

—Voici quelqu'un qui est porteur d'une lettre pour Votre Excellence, répondit le caporal; mais mon cœur ne se réjouit point en lui, vu que je le regarde comme un loup revêtu de la peau d'une brebis.

Ce fut ainsi que Wildrake apprit qu'il était en présence de l'homme remarquable vers lequel il était envoyé, et il se mit à réfléchir à la hâte sur la manière dont il devait lui parler.

La physionomie d'Olivier Cromwell, comme on le sait généralement, ne prévenait nullement en sa faveur. Il était de moyenne taille, fortement constitué, et avait des traits durs et sévères, mais qui annonçaient beaucoup de sagacité naturelle, et une grande profondeur de pensées. Ses yeux étaient gris et perçans, son nez trop grand en proportion de ses autres traits.

Ses discours, quand il voulait se faire comprendre clairement, étaient forts et énergiques, mais dépourvus de graces et même d'éloquence; personne alors ne pouvait exprimer ses idées en moins de mots, et d'une manière plus décisive. Mais quand il voulait, comme cela lui arrivait souvent, jouer le rôle d'orateur, uniquement pour amuser l'oreille sans éclairer l'intelligence, Cromwell avait coutume d'envelopper ses idées, ou ce qui paraissait être ses idées, d'un tel brouillard de mots, d'accumuler tant de réserves et d'exceptions, et de s'égarer dans un tel labyrinthe de parenthèses, que, quoiqu'il fût un des hommes les plus adroits d'Angleterre, il était peut-être l'orateur le plus inintelligible qui ait jamais intrigué ses auditeurs. Un historien a dit il y a long-temps que le recueil des discours prononcés par le Protecteur, serait, à peu d'exceptions près, l'ouvrage où l'on trouverait le moins de sens commun; mais il aurait dû ajouter qu'on n'aurait pu y mettre plus de nerf, de concision et de clarté, quand il voulait réellement que ce qu'il disait fût compris.

On a aussi remarqué de Cromwell que, quoiqu'il fût né d'une bonne famille dans les deux lignes paternelle et maternelle, et qu'il eût reçu l'éducation qui est la suite ordinaire de cet avantage, il n'avait jamais pu acquérir cette politesse habituelle aux premières classes de la société dans leurs relations réciproques, ou du moins qu'il ne daignait pas en faire usage. Ses manières étaient si brusques qu'elles pouvaient quelquefois passer pour grossières; et cependant il s'y trouvait, comme dans son langage, une énergie qui imprimait la crainte, si elle ne commandait pas le respect; il y avait même des momens où cet esprit sombre et subtil se développait de manière à se concilier presque l'affection. Il montrait, par accès, du goût pour la plaisanterie; mais ses plaisanteries étaient basses et ignobles. Son caractère offrait quelque chose qui forme un des traits distinctifs du caractère national : il méprisait la frivolité, détestait l'affectation, ne pouvait souffrir la cérémonie, ce qui, joint à ses qualités incontestables de bon sens et de courage, en faisait, sous bien de rapports, un représentant assez convenable de la démocratie d'Angleterre.

Sa religion fera toujours une grande question de doute, qu'il n'aurait peut-être pu éclaircir lui-même. Sans contredit, il y eut une époque de sa vie où il était sincèrement enthousiaste, et où son caractère naturel, sujet à de légers accès d'hypocondrie, était fortement imbu du même fanatisme qui influait alors sur la conduite de tant de monde. D'une autre part, sa carrière politique offre certaines périodes pendant lesquelles on peut, sans injustice, l'accuser d'affectation hypocrite. On le jugera probablement avec équité, lui et beaucoup d'autres du même siècle, si l'on suppose que leur zèle religieux prenait naissance autant dans leur conviction intérieure que dans leur intérêt personnel. Le cœur humain est si ingénieux à se tromper lui-même comme à tromper les autres, qu'il est assez vraisemblable que ni Cromwell ni ceux qui affichaient les mêmes prétentions que lui à la piété, n'auraient pu fixer exactement le terme où s'arrêtait leur enthousiasme, et où commençait leur hypocrisie; ou, pour mieux dire, ce n'était pas un point absolument fixe, mais qui avançait ou reculait suivant la bonne ou mauvaise fortune, la bonne ou mauvaise humeur de chaque individu.

Tel était l'homme célèbre qui, se tournant vers Wildrake et l'examinant avec attention, parut si peu satisfait de ce qu'il voyait, qu'un mouvement instinctif lui fit relever son baudrier de manière à mettre à sa portée la poignée de sa longue épée. Cependant, croisant ses bras par-dessus ses habits, comme si une seconde pensée lui eût fait rejeter ses soupçons ou croire qu'une telle précaution était au-dessous de lui, il lui demanda qui il était et d'où il venait.

— Un pauvre gentilhomme, monsieur, c'est-à-dire mylord, arrivant de Woodstock, répondit Wildrake.

— Et quelles nouvelles m'en apportez-vous, monsieur le gentilhomme? dit Cromwell en appuyant sur ce mot. Véritablement j'ai vu bien des gens se donner ce titre; et, malgré toute leur gentilhommerie, n'être ni sages, ni braves, ni vertueux. Et cependant le titre de gentilhomme était honorable dans la vieille Angleterre quand on se rappelait davantage la signification de ce mot.

— Vous dites la vérité, monsieur, répondit Wildrake, supprimant non sans difficulté quelques-uns des termes énergiques dont il ornait souvent ses discours. Autrefois on trouvait des gentilshommes dans les lieux que des gentilshommes devaient habiter; mais aujourd'hui le monde est si changé, qu'on voit le ceinturon brodé céder la place au tablier de cuir.

— Est-ce à moi que tu parles ainsi? dit le général. Il faut que tu sois un camarade bien hardi pour oser t'exprimer si librement. Tu rends un son un peu trop haut, à ce qu'il me semble, pour que tu sois de bon métal. Et encore une fois, quelles nouvelles m'apportes-tu?

— Cette lettre, que le colonel Markham Everard m'a chargé de remettre entre vos mains, repondit Wildrake.

— Ah! je t'ai donc mal jugé? dit Cromwell, dont le

ton s'adoucit en entendant le nom d'un homme qu'il avait le plus grand désir d'attacher efficacement à son parti.—Pardon, notre ami; car nous ne doutons pas que tu le sois. Assieds-toi ici, et livre-toi à quelques pieuses réflexions pendant que nous allons lire le contenu de cette lettre. — Qu'on ait soin de lui et qu'on lui donne tout ce dont il aura besoin.

A ces mots le général quitta le corps-de-garde; et Wildrake, s'asseyant dans un coin, attendait avec patience le résultat de sa mission.

Les soldats se crurent alors obligés à le traiter avec plus de considération; et ils lui offrirent une pipe garnie de tabac de la Trinité et une grande cruche pleine de bière d'octobre. Mais malgré les égards de Cromwell, la situation dangereuse dans laquelle il pouvait se trouver s'il était découvert pour ce qu'il était véritablement décidèrent Wildrake à refuser ces offres hospitalières; et, s'appuyant sur le dossier de sa chaise, il feignit de sommeiller, et évita ainsi d'exciter l'attention et d'être obligé de prendre part à la conversation.

Enfin une espèce d'aide-de-camp ou d'officier à la suite de Cromwell vint le chercher pour le conduire en présence du général. Son guide le fit entrer dans le château par une poterne; et, après avoir traversé plusieurs corridors et monté quelques escaliers, il se trouva enfin dans un petit cabinet garni de meubles somptueux, dont quelques-uns portaient le chiffre du feu roi, mais où tout était hors de place et en confusion. On avait descendu quelques tableaux encadrés dans de massives bordures qui décoraient naguère la boiserie; et la peinture était tournée du côté de la muraille, comme si l'on se fût disposé à les emporter.

Au milieu de cette scène de désordre le général de la république, si souvent victorieux, était assis dans un grand fauteuil couvert en damas et richement brodé, dont la splendeur formait un contraste frappant avec son costume simple et même négligé, quoique son air et son maintien annonçassent un homme qui sentait que le siège qu'un monarque avait autrefois occupé n'avait rien de trop noble pour sa fortune et son ambition.

Wildrake était debout devant lui, et Cromwell ne lui dit pas de s'asseoir.

— Pearson, dit-il à l'officier, restez dans la galerie, et ne vous écartez pas hors de la portée de ma voix.

L'officier salua ; et il allait se retirer quand le général ajouta :—Quels sont ceux qui se trouvent dans la galerie ?

— Le digne monsieur Gordon, votre chapelain, prononçait à l'instant une exhortation au colonel Overton et à quatre capitaines du régiment de Votre Excellence.

— C'est ce que nous désirons. Nous voudrions qu'il n'y eût pas un seul coin dans notre demeure où l'ame de ceux qui ont faim de la parole divine ne pût recueillir la manne spirituelle. — Le digne homme avait-il le ton inspiré en prononçant son discours ?

—Puissamment inspiré, mylord. Il parlait des droits légitimes que l'armée, et principalement Votre Excellence, ont acquis en devenant les instrumens du grand ouvrage. Il disait que ce n'étaient pas des instrumens qu'on dût briser et rejeter quand le jour de leur service est passé ; mais qu'on devait les conserver, les estimer, les honorer, les regarder comme précieux, à cause de leurs longs et fidèles travaux en combattant, en marchant, en jeûnant, en priant, en souffrant le froid et le chagrin, tandis que tant d'autres qui voudraient les voir cassés, congédiés, renvoyés, s'engraissaient de la substance du pays et ne songeaient qu'à boire et à se réjouir.

— Le digne homme! et parlait-il avec tant d'onction? Je pourrais dire à ce sujet quelque chose qui..... mais pas à présent. — Retirez-vous dans la galerie, Pearson. Que nos amis soient toujours ceints de leurs armes; qu'ils veillent, mais qu'ils prient.

Pearson se retira, et le général, tenant en main la lettre d'Everard, resta encore quelque temps les yeux fixés sur Wildrake, comme s'il eût réfléchi au ton qu'il devait prendre en lui parlant.

Quand enfin il ouvrit la bouche, ce fut pour prononcer un de ces discours ambigus auxquels nous avons déjà fait allusion, et qui rendaient très-difficile de comprendre ce qu'il voulait dire, si toutefois il le savait lui-même. Nous serons, en le rapportant, aussi concis que le permettra le désir que nous avons de donner les propres paroles d'un homme aussi extraordinaire.

— Vous m'avez remis cette lettre, dit-il, de la part de votre maître ou de votre patron, Markham Everard, homme véritablement aussi brave et aussi honorable que qui que ce soit qui ait jamais porté l'épée, et qui s'est distingué dans le grand ouvrage de la délivrance de ces trois pauvres et malheureuses nations. — Ne me réponds pas; je sais ce que tu voudrais dire. — Et il t'a choisi pour m'apporter cette lettre, toi son clerc, son secrétaire, en qui il a confiance, et à qui il me prie d'accorder la mienne, afin qu'il y ait entre nous un messager fidèle et exact. — Ne me réponds pas; je sais ce que tu voudrais dire. — Et enfin il t'a envoyé vers moi; vers moi qui me regarde comme étant de si peu de considération que je me trouverais trop honoré de porter seulement une hallebarde (1) dans cette grande et victorieuse armée d'Angleterre, et qui cependant me trouve élevé au rang de son chef et chargé du bâton de commandement. — Encore une fois, l'ami, ne me réponds pas; je sais ce que tu voudrais dire. — Or, tandis que nous conférons ainsi ensemble, notre discours, relativement à ce que je viens de dire, roule sur trois objets, ou se partage en trois divisions. D'abord ce qui concerne ton maître, ensuite ce qui nous regarde nous et et la place que nous occupons; et enfin ce qui te touche toi-même. Quant à ce qui concerne ce brave et digne homme, le colonel Markham Everard, il est très-vrai qu'il s'est conduit en homme depuis le commencement de ces malheureux troubles, ne se détournant ni à droite ni à gauche, mais ayant toujours en vue le but vers lequel il tendait. Oui, c'est véritablement un homme plein d'honneur et de fidélité qui peut bien m'appeler son ami, et je suis charmé de voir qu'il me rend cette justice. Néanmoins, dans cette vallée de larmes, nous devons moins être gouvernés par nos rapports privés et nos affections intimes que par ces grands principes et ces lois de devoir auxquels le bon colonel Everard à toujours conformé sa conduite, comme véritablement je me suis efforcé d'y conformer la mienne, afin que nous puissions tous agir comme doivent le faire de vrais Anglais et de dignes patriotes. Quant à Woodstock, c'est une grande chose que le colonel me demande, que de retirer cette propriété de la masse des dépouilles appartenant à Israël, et d'en confier la garde aux Moabites, et principalement au malveillant Henry Lee, dont la

---

(1) Arme distinctive des sergens. — Éd.

main a toujours été contre nous toutes les fois qu'il a trouvé l'occasion de pouvoir la lever. Je dis donc que le colonel demande une grande chose, tant en ce qui le concerne qu'en ce qui me regarde. Car nous autres qui composons cette pauvre mais sainte armée d'Angleterre, le parlement voit en nous comme des gens qui doivent mettre à sa disposition les dépouilles que nous avons remportées, sans avoir droit à les partager, de même que les chiens qui ont mis le cerf aux abois ne sont pas admis à s'en repaître, mais en sont écartés à grands coups de fouet, comme méritant d'être punis de leur audace, au lieu de recevoir la récompense de leurs services. Si pourtant je parle ainsi, ce n'est pas tout-à-fait à l'égard de cette concession de Woodstock, vu que peut-être Leurs Seigneuries du conseil et le comité du parlement peuvent croire gracieusement qu'ils m'en ont accordé une portion, attendu que mon parent Desborough y a obtenu quelques droits; et comme il a bien mérité ces droits par les loyaux et fidèles services qu'il a rendus à ce malheureux pays, il ne me conviendrait pas d'y porter atteinte à son préjudice, à moins que ce ne fût pour de grandes raisons et dans l'intérêt public. Ainsi, mon honnête ami, tu vois dans quelle situation je me trouve relativement à la demande de ton maître, et quelle est mon opinion à cet égard; non que je veuille dire que je puisse tout-à-fait et sans condition l'accorder ou la refuser, je ne fais qu'exposer simplement mes idées à cet égard. — Je ne doute pas que tu ne me comprennes?

Roger Wildrake avait écouté le discours du lord général avec toute l'attention dont il était capable; mais son esprit s'était tellement égaré dans le labyrinthe des longues phrases de cette harangue, qu'il éprouvait la même confusion et le même embarras qu'un paysan qui se trouve dans une capitale au milieu d'une foule de voitures, et qui ne peut faire un pas pour échapper à l'une sans risquer de tomber sous les roues d'une autre.

Le général vit son air de perplexité, et il commença un second discours dans le même sens que le premier. — Il s'étendit sur son affection pour son bon ami le colonel; parla des égards qu'il devait à son pieux et digne parent Desborough; — fit valoir tour à tour la grande importance du palais et du parc de Woodstock; la détermination du parlement de les confisquer, et d'en faire entrer le produit dans les coffres de l'état; — sa vénération profonde pour l'autorité du parlement; — son regret non moins profond de l'injustice faite à l'armée. Il ajouta que son désir et sa volonté étaient que toutes les affaires fussent arrangées d'une manière paisible et amicale, sans débats, sans contestations, sans vues d'intérêt personnel, entre ceux qui avaient été les bras agissans, et ceux qui s'étaient montrés la tête gouvernante, dans cette grande cause nationale; qu'il était prêt, véritablement prêt, à contribuer à cette œuvre en renonçant non-seulement à son rang, mais même à la vie si ce sacrifice était exigé de lui et pouvait se concilier avec la sûreté des pauvres soldats, auxquels, malheureuses créatures! il était obligé en conscience de servir de père, vu qu'ils l'avaient suivi avec la même affection que s'ils eussent été ses enfans.

Ici il fit une longue pause, laissant Wildrake aussi incertain qu'auparavant sur la question de savoir s'il avait ou n'avait pas dessein d'accorder au colonel Everard les pouvoirs que celui-ci demandait pour protéger

Woodstock contre les commissaires du parlement. Il commençait intérieurement à concevoir l'espérance que la justice du ciel, ou l'effet des remords de sa conscience, avait dérangé le cerveau du régicide. Mais non; il ne pouvait voir que de la sagacité dans cet œil ferme et austère, qui, tandis que sa langue débitait une telle profusion de phrases insignifiantes, semblait surveiller avec une attention sévère l'effet que son éloquence produisait sur son auditeur.

— Morbleu! pensa en lui-même le jeune Cavalier, qui commençait à se familiariser un peu avec la situation dans laquelle il se trouvait, et à s'impatienter d'une longue conversation qui ne paraissait aboutir à aucune conclusion; quand le vieux Noll serait le diable en personne, au lieu d'être le favori du diable, je ne souffrirai pas qu'il me mène ainsi par le nez. Je brusquerai les choses, s'il continue à marcher de ce train, et je verrai s'il est possible de lui arracher quelques paroles intelligibles.

Ayant conçu ce projet hardi, mais craignant encore de l'exécuter, il attendit qu'il se présentât une occasion d'en faire la tentative. Cromwell, comme s'il lui eût été impossible d'exprimer plus clairement ses intentions, commençait déjà un troisième panégyrique du colonel Everard, en y joignant diverses assurances du désir qu'il avait de l'obliger, quand Wildrake profita d'une nouvelle pause oratoire du général pour parler à son tour.

— Si Votre Excellence me permet une observation, dit-il avec hardiesse, je lui dirai qu'elle a déjà parlé de deux points de son discours, ce qui la regarde elle-même, et ce qui concerne mon maître. Mais pour me mettre en état d'exécuter ma mission, il me semble qu'il serait à propos qu'elle voulût bien dire quelques mots sur le troisième.

— Sur le troisième! répéta Cromwell.

— Sans doute, répliqua Wildrake. Dans la subdivision qu'a faite Votre Honneur du sujet de son discours, le troisième point devait avoir rapport à son indigne serviteur, à moi-même. Que dois-je faire? Quel rôle dois-je jouer dans tout ceci?

Le ton d'Olivier changea tout à coup, et sa voix, au lieu de ressembler à celle du chat qui caresse, devint le rugissement sourd du tigre prêt à s'élancer sur sa proie.—Ton rôle, gibier de potence! s'écria-t-il; ton rôle sera de figurer sur un gibet, — sur un gibet semblable à celui d'Aman, si tu oses trahir mes secrets. Mais, ajouta-t-il avec un accent plus doux, si tu les gardes fidèlement, ma faveur fera quelque chose de toi. Écoute-moi; tu ne manques pas de hardiesse; tu la portes même un peu loin. Tu as été un malveillant. Mon digne ami le colonel Everard me l'écrit; mais tu as abandonné cette cause désespérée. Je te dis, l'ami, que tout ce que le parlement et l'armée auraient pu faire n'aurait pas été en état de renverser les Stuarts de leur trône si le ciel ne s'était déclaré contre eux. Il est aussi doux que sage de ceindre son armure pour la cause du ciel, sans quoi, et en ce qui me concerne, les Stuarts pourraient encore porter la couronne aujourd'hui. Je ne blâme même pas ceux qui les ont aidés jusqu'à ce que les grands jugemens successifs du ciel aient éclaté sur eux et leur maison. Je ne suis point un homme de sang, et je connais la fragilité humaine. Mais, l'ami, quiconque met une fois la main à la charrue pour faire avancer le grand ouvrage qui s'exécute maintenant dans cette nation doit prendre garde de ne pas regarder en arrière, car, compte sur ma parole, si tu me trompes, je ne te ferai pas grace d'un seul pied de la hauteur de la potence d'Aman. Fais-moi donc savoir d'un seul mot si le levain de la malveillance est entièrement sorti de ton cœur.

— Votre Excellence a fait de telles choses et nous a si bien frottés, répondit Wildrake en se grattant les épaules, que la malveillance ne peut plus trouver de place où se loger.

— Est-ce ton avis? dit le général avec un sourire qui semblait indiquer qu'il n'était pas tout-à-fait inaccessible à la flatterie. — Eh bien, tu ne mens pas en cela; nous avons été un instrument dans les mains du ciel. Et comme je te l'ai déjà donné à entendre, nous ne sommes pas aussi sévèrement disposés à l'égard des malveillans qui ont lutté contre nous que peuvent l'être tant d'autres. Le parlement connaît son intérêt et son bon plaisir; mais, à mon humble avis, il est grand temps de mettre fin à ces dissensions, et de permettre aux gens de tous les partis de rendre service à leur pays; nous pensons donc que ce sera ta faute si tu n'es pas employé utilement pour l'état et pour toi-même, à condition que tu te dépouilleras entièrement du vieil homme, et que tu donneras toute ton attention à ce que j'ai maintenant à te dire.

— Votre Excellence ne doit pas douter de mon attention, répondit le Cavalier.

Et le général républicain, après une autre pause, en homme qui n'accordait pas sa confiance sans y réfléchir, commença à lui expliquer ses vues avec une clarté qui ne lui était pas très-ordinaire, quoique ce ne fût pas sans retomber de temps en temps dans son habitude de circonlocution, qu'il ne perdait jamais entièrement que sur le champ de bataille.

— Tu vois, l'ami, lui dit-il, dans quelle position je me trouve. Le parlement ne m'aime pas; peu m'importe qui le sache. Le conseil d'état, par le moyen duquel il fait jouer les ressorts du pouvoir exécutif, m'aime encore moins. Je ne puis dire pourquoi ils nourrissent des soupçons contre moi, si ce n'est parce que je ne veux pas trahir les intérêts de cette pauvre et innocente armée qui m'a suivi dans un si grand nombre d'expéditions militaires, et la voir réduite, démembrée, licenciée, de sorte que ceux qui ont protégé l'état aux dépens de leur sang n'auraient peut-être pas le moyen d'assurer leur subsistance par leur travail; ce qui serait, ce me semble, un traitement bien dur, puisque ce serait ravir à Esaü son droit d'aînesse, sans même lui donner une pauvre assiette de lentilles.

— Je crois qu'Ésaü saura bien se servir lui-même, dit Wildrake.

— Tu parles sagement, reprit le général; il ne faut pas affamer un homme armé si, pour se procurer des vivres, il ne lui en coûte que la peine de les prendre. Loin de moi pourtant l'idée d'encourager la rébellion, ou le manque de subordination envers ceux qui nous gouvernent. Je ne voudrais que pétitionner d'une manière juste, convenable, douce et harmonieuse, afin qu'ils écoutent nos demandes, et qu'ils aient égard à nos besoins. Mais dans un moment où ils me témoignent si peu d'attention, si peu de considération, tu dois sentir, l'ami, que ce serait de ma part faire une provocation au conseil d'état aussi-bien qu'au parlement si, uniquement pour satisfaire ton digne maître, j'agissais d'une manière contraire à leurs desseins en empêchant la commission qui agit sous leur autorité, — autorité qui est encore la première de l'état, et quant à moi, puisse-t-elle l'être long-temps! — de mettre hors du séquestre une propriété qu'ils en ont frappée. Et ne m'accuserait-on pas aussi de protéger les malveillans si je souffrais que ce repaire de nos anciens tyrans lascifs et sanguinaires devînt de nos jours un lieu de refuge pour cet Amalécite invétéré, sir Henry Lee, et que je le laissasse en possession du lieu dans lequel il s'est si long-temps glorifié? Véritablement ce serait une démarche dangereuse !

— Dois-je donc faire rapport au colonel Everard que Votre Excellence ne peut lui prêter son appui dans cette affaire? demanda Wildrake.

— Sans conditions, oui, répondit Cromwell ; mais avec des conditions, la réponse peut être différente. — Je vois que tu n'es pas en état d'approfondir mes desseins; je te les développerai donc partiellement ; mais prends bien garde que ta langue ne trahisse mes secrets, sauf ce que je te chargerai de dire à ton maître ; car de par tout le sang qui a été répandu dans ce malheureux temps, tu mourras de mille morts dans une seule, si tu ne m'es pas fidèle.

— Ne craignez rien de moi, monsieur, dit Wildrake, dont la hardiesse naturelle à son caractère insouciant se trouvait intimidée et comprimée comme celle du faucon en présence de l'aigle.

— Écoute-moi donc, et qu'il ne sorte pas de tes lèvres une seule syllabe de ce que tu vas entendre — Ne connais-tu pas le jeune Lee, qu'on appelle Albert, malveillant comme son père, et qui était avec le Jeune

Homme à la dernière bataille que nous livrâmes à Worcester? — Puissions-nous être dignement reconnaissans de la victoire qui nous a été accordée!

— Je sais que sir Henry Lee a un fils nommé Albert.

— Et ne sais-tu pas, — je ne parle pas ainsi pour tirer de toi les secrets de ton maître, mais uniquement parce qu'il convient que je sois bien instruit à ce sujet, afin de voir comment je puis le servir; — ne sais-tu pas, dis-je, que ton maître Markham Everard aime la sœur dudit malveillant, la fille du vieux gardien de Woodstock, qu'on appelle sir Henry Lee?

— J'ai entendu dire tout cela, et je ne nie pas que je ne le croie.

— Eh bien donc, écoute. — Quand le Jeune Homme, Charles Stuart, prit la fuite après la bataille de Worcester, et qu'il se trouva poursuivi de si près qu'il fut obligé de se séparer de ses partisans, je sais, — je sais de science certaine que cet Albert Lee fut un des derniers, peut-être même le dernier de ceux qui restèrent avec lui.

— Il en était diablement capable! s'écria Wildrake oubliant un instant en présence de qui il se trouvait et combien il lui était nécessaire de peser ses expressions; — oui, je soutiendrai, la rapière à la main, que c'est un vrai rejeton de la vieille souche.

— Ah! tu jures! dit le général. Est-ce là ta réformation?

— Je ne jure jamais, — répondit Wildrake voulant réparer son étourderie, — que lorsque j'entends parler de malveillans et de Cavaliers; mais alors la vieille habitude revient, et je jure comme un soldat de Goring.

— Fi! répliqua le général; à quoi bon prononcer des

paroles profanes qui scandalisent les oreilles qui les entendent, et qui ne peuvent être profitables à celui qui les emploie?

— Il y a sans doute dans le monde des péchés plus profitables que celui de jurer, fut tenté de répondre le jeune Cavalier; mais à cette réponse la prudence substitua l'expression du regret d'avoir laissé échapper le malheureux adverbe qui avait offensé Cromwell. Il est vrai que la conversation commmençait à prendre une tournure qui la rendait plus intéressante que jamais pour Wildrake, et il résolut en conséquence de ne pas laisser échapper l'occasion de se mettre en possession du secret qui semblait sur le point de sortir des lèvres du général; il ne pouvait y réussir qu'en veillant soigneusement sur les siennes.

— Quelle espèce de maison est-ce Woodstock? demanda Cromwell changeant brusquement le sujet de l'entretien.

— Une sorte de vieux château, répondit Wildrake; et, si j'en puis juger par une seule nuit que j'y ai passée, il n'y manque ni escaliers dérobés, ni passages secrets, ni toutes ces communications souterraines qu'on trouve si souvent dans ces vieux nids de corbeaux.

— Et bien certainement des endroits cachés pour recéler des prêtres? Il est rare qu'il n'y ait pas dans ces anciens édifices quelque étable secrète pour héberger ces veaux de Béthel.

— Votre Excellence peut en jurer sans crainte de se tromper.

— Je ne jure jamais, répondit Cromwell sèchement.
— Mais qu'en penses-tu, l'ami? réponds franchement à ma question. — Où crois-tu qu'il soit plus vraisem-

blable que ces deux fugitifs de Worcester, que tu sais, cherchent un refuge, — et je sais parfaitement qu'il faut qu'ils se réfugient quelque part, — que dans cette Loge dont le jeune Albert connaît tous les coins et recoins depuis son enfance ?

— Vraiment, dit Wildrake faisant un effort pour répondre avec un air d'indifférence, tandis que la possibilité de cet événement et les conséquences qu'il pouvait avoir se présentaient à son imagination d'une manière effrayante, — vraiment je penserais comme Votre Excellence si je ne croyais que la compagnie qui s'est installée à Woodstock en vertu de la commission du parlement les en écartera comme un chat fait déguerpir les pigeons du colombier. Le voisinage des généraux Desborough et Harrison ne convient guère à des échappés du champ de bataille de Worcester.

— Je le pense de même, et c'est ce que je désire. Puisse-t-il se passer bien du temps avant que nos noms cessent de jeter la terreur parmi nos ennemis ! — Mais, si tu veux jouer un rôle actif dans cette affaire, pour l'intérêt de ton maître, je crois que tu pourrais tirer de cette circonstance quelque chose de favorable à ses désirs.

— Mon esprit est faible pour atteindre la profondeur des desseins de Votre Excellence.

— Écoute donc, et que ce soit pour en profiter. — Assurément la victoire de Worcester fut une grande et définitive merci du ciel ; mais il me semble que notre reconnaissance n'y serait guère proportionnée si nous ne faisons pas tout ce qui est en notre pouvoir pour en profiter, et pour amener à sa conclusion le grand ouvrage qui a tellement prospéré entre nos mains, déclarant en toute humilité et sincérité de cœur que nous ne désirons pas qu'on se souvienne que nous en avons été l'instrument; priant et suppliant au contraire que notre nom soit oublié à jamais, pourvu que notre grand ouvrage ne reste pas imparfait. Néanmoins, placés comme nous le sommes, il nous importe plus qu'à personne, si de chétives créatures telles que nous peuvent parler d'elles-mêmes comme plus ou moins intéressées à ces changemens qui ont été effectués autour de nous, non par nous ou par notre pouvoir, mais par suite d'un destin que nous étions appelés à remplir avec charité et humilité; il nous importe, disais-je, que toutes choses se fassent d'une manière conforme aux grandes choses qui se sont opérées et qui s'opèrent encore dans ce pays. Telles sont mes intentions, et elles sont simples et claires. En conséquence il est fort à désirer que le Jeune Homme, ce roi d'Écosse, comme il se nomme, ce Charles Stuart, ne puisse s'échapper d'un pays où son arrivée a semé tant de troubles et fait couler tant de sang.

— Je ne doute pas, dit le Cavalier en baissant les yeux, que la sagesse de Son Excellence n'ait pris toutes les mesures qui peuvent le mieux conduire à une telle fin, et je prie le ciel de la récompenser de toutes ses peines, comme elle le mérite.

— Je te remercie, l'ami, dit Cromwell avec un air d'humilité. Sans contredit nous obtiendrons notre récompense, puisqu'elle est entre les mains d'un bon maître qui ne laisse jamais passer le samedi soir sans payer ses ouvriers. Mais, comprends-moi bien, l'ami, je ne désire rien de plus que ma part dans cette bonne œuvre. Je voudrais de tout mon cœur rendre tous les pauvres services dont je suis capable à ton maître, et même à toi, suivant ton état, car des hommes tels que nous ne conversent pas avec des gens d'un rang ordinaire pour que leur présence et leurs discours s'oublient comme un événement qui arrive tous les jours. Nous parlons à des gens comme toi pour les récompenser ou les punir, et j'espère que ce sera une récompense que tu mériteras de recevoir de moi.

— Votre Honneur parle en homme habitué au commandement, dit Wildrake.

— Il est vrai. C'est en inspirant la crainte et le respect que les hommes élevés dominent sur l'esprit des autres. Mais c'en est assez sur ce sujet, ne désirant pas qu'on m'accorde individuellement plus de confiance que nous n'en devons tous à l'Être qui est au-dessus de nous. J'en reviens à ton maître, et je voudrais jeter cette balle d'or dans son chapeau. Il a servi contre ce Charles Stuart et son père; mais il est parent de ce vieux Henry Lee, et il est bien avec sa fille. — Et toi-même, il faut que tu aies les yeux ouverts, l'ami. — Ton air un peu mondain te procurera la confiance de tous les malveillans, et notre proie ne pourra approcher du lieu où elle croit trouver un couvert, comme un lapin dans un terrier, sans que tu sois informé de sa présence.

— Je fais un effort pour comprendre Votre Excellence, dit le Cavalier; je vous remercie de tout mon cœur de la bonne opinion que vous avez de moi, et je prie le ciel de me fournir l'occasion de vous prouver que je la mérite, et les moyens de vous montrer toute ma reconnaissance. Mais, soit dit avec respect, le projet de Votre Excellence ne me paraît pas pouvoir réussir, si Woodstock reste en la possession des commissaires au séquestre. Le vieux chevalier, son fils, et surtout un fugitif tel que celui auquel Votre Honneur fait allusion, auront grand soin de ne pas approcher de la Loge, tant qu'elle sera en de pareilles mains.

— C'est précisément pour cela que je t'ai parlé si long-temps. Je t'ai dit que je n'étais pas disposé à déposséder les commissaires au séquestre, de mon autorité privée, pour de légers motifs, quoique j'aie peut-être assez de pouvoir dans l'état pour agir ainsi, et pour mépriser les murmures de ceux qui me blâmeront. En un mot, je ne me soucierais pas d'user de mes privilèges dans toute leur étendue et de mettre à l'épreuve leur force comparée à celle de la commission nommée par d'autres, sans une nécessité reconnue, ou du moins sans une grande perspective d'avantage. Ainsi donc, si ton maître le colonel veut se charger, par amour pour la république, de trouver les moyens de prévenir le plus grand danger qu'elle ait à craindre, c'est-à-dire l'évasion de ce Jeune Homme hors du pays, et veut faire tous ses efforts pour l'arrêter dans le cas où sa fuite le conduirait à Woodstock, ce que je regarde comme très-vraisemblable, tu porteras aux commissaires du séquestre l'ordre d'évacuer la Loge sur-le-champ, et à une compagnie de mon régiment qui est à Oxford l'injonction de les prendre par les épaules pour les en faire déguerpir s'ils hésitent à obéir. Oui, quand même, pour l'exemple, ils devraient mettre à la porte Desborough le premier, quoiqu'il soit le mari de ma sœur.

— Avec votre ordre tout-puissant, monsieur, je me flatte que je serai en état d'expulser les commissaires, même sans avoir recours à vos anciens et belliqueux soldats.

— C'est ce dont je m'inquiète le moins. — Je voudrais bien voir le plus hardi d'entre eux s'opiniâtrer à rester après que je lui aurais fait signe de se retirer, — exceptant toujours l'honorable chambre, au nom de laquelle nous tenons notre commission, mais dont l'édifice politique, comme bien des gens le pensent, s'écroulera avant qu'elle ait le temps de le reconstruire. C'est pourquoi ce qui m'importe principalement, c'est de savoir si ton maître voudra entreprendre une affaire qui lui promet de si grands avantages. Je suis convaincu qu'avec un batteur d'estrade tel que toi, un homme qui a été dans le camp des Cavaliers, et qui peut encore, à en juger sur la mine, se remettre à boire, à jurer et à se livrer à toute sorte de plaisirs profanes avec eux, quand l'occasion le demande, il doit découvrir où ce Stuart est allé se cacher. — Ou le jeune Lee ira voir le vieillard lui-même, ou il lui écrira, ou il aura des communications avec lui de quelque autre manière. Dans tous les cas, Markham Everard et toi, vous devez avoir un œil sur chaque cheveu de votre tête.

En parlant ainsi, une rougeur plus vive que de coutume colora le front de Cromwell : il se leva, se promena dans l'appartement d'un air agité, et ajouta : — Malheur à vous si ce jeune aventurier m'échappe ! — Il vaudrait mieux pour vous être enterrés dans le plus profond cachot de toute l'Europe que de respirer l'air d'Angleterre, si vous me manquez de fidélité ! — Je t'ai parlé clairement ; — plus clairement que ce n'est ma coutume, — le moment l'exigeait ; — mais avoir ma confiance, c'est être de garde près d'un magasin à poudre ;

la moindre étincelle peut te réduire en cendres. Rapporte à ton maître ce que je viens de te dire, — mais non comme je te l'ai dit. — Hélas! faut-il que je me sois laissé emporter à un mouvement des passions humaines! — Retire-toi, drôle. — Pearson te remettra des ordres cachetés. — Un instant! je vois que tu as quelque chose à me demander.

— Je voudrais savoir, dit Wildrake, à qui l'air inquiet de Cromwell donnait quelque confiance, quelle est à peu près la figure du Jeune Homme, afin de le reconnaître dans le cas où je le verrais.

— On dit qu'il est devenu grand, sec, basané, répondit le général; voici son portrait, peint par un bon maître il n'y a pas très-long-temps.

A ces mots, il retourna un des portraits dont la peinture faisait face à la muraille; mais, au lieu d'être celui de Charles II, c'était celui de son malheureux père.

Le premier mouvement de Cromwell indiqua l'intention de le replacer dans la même position, et il parut avoir besoin de faire un effort sur lui-même pour se déterminer à y jeter un coup d'œil; mais il fit cet effort, et, appuyant le portrait contre le mur, il s'en éloigna lentement de quelques pas, comme s'il eût cherché un endroit d'où il pût le voir dans son jour.

Il fut heureux pour Wildrake que son dangereux compagnon n'eût pas jeté un regard sur lui en ce moment; car son visage s'enflamma quand il vit le portrait de son maître entre les mains de celui qui avait été le principal auteur de sa mort. Capable de se porter à des extrémités désespérées, il eut grande peine à réprimer la violence de son indignation; et, s'il avait eu sous la main, dans sa première ardeur de vengeance, une arme convenable, il est possible que Cromwell ne se fût jamais élevé plus haut dans son essor audacieux vers le pouvoir suprême.

Mais cette étincelle électrique d'une indignation si naturelle, qui agita subitement un homme ordinaire, tel que Wildrake, s'éteignit en un instant devant l'émotion terrible, quoique étouffée, que laissait apercevoir un être doué d'un caractère aussi impassible que Cromwell. En contemplant sa physionomie sombre et audacieuse, émue par des sentimens indéfinissables, le jeune Cavalier sentit sa propre violence s'évanouir et se changer en surprise. Tant il est vrai que, de même que l'éclat d'une grande lumière engloutit et fait disparaître une clarté moindre, ainsi les hommes d'un esprit vaste et dominateur subjuguent et anéantissent les volontés et les passions plus faibles des autres, comme la rivière qui reçoit un ruisseau dans son sein semble repousser avec fierté le tribut de ses eaux.

Wildrake resta spectateur silencieux, immobile, et presque effrayé, tandis que Cromwell, donnant à ses regards et à ses manières un air d'assurance, en homme qui se force lui-même à envisager un objet que quelque sentiment intérieur et puissant lui rend pénible et désagréable à voir, commençait, par quelques expressions brèves et interrompues, mais prononcées d'une voix ferme, à faire un commentaire sur le portrait du feu roi. Ses paroles semblaient moins s'adresser à Wildrake qu'être l'effusion spontanée d'un cœur plein des souvenirs du passé et des présages de l'avenir.

— Ce peintre flamand, dit-il, — cet Antoine Vandyck! — quel pouvoir il a! — Le glaive peut mutiler, les guerriers peuvent détruire, et voilà un roi que le temps a respecté. — Nos petits-enfans, en lisant ses annales, pourront regarder son portrait, et comparer ses traits mélancoliques avec sa fatale histoire ; — ce fut une implacable nécessité, — un acte terrible ! — La fierté calme de cet œil aurait pu gouverner des mondes peuplés de Français rampans, de souples Italiens, d'Espagnols formalistes ; mais ses regards ne firent qu'éveiller le courage naturel du fier Anglais. — Qu'on n'accuse pas un pauvre pêcheur de la chute qu'il fait quand il n'a pas reçu du ciel des nerfs assez forts pour se soutenir ! — L'homme faible est renversé par son cheval fougueux qui le fait périr sous ses pieds ; l'homme fort, le bon cavalier, s'élance sur la selle vide, et fait jouer le mors et l'éperon, jusqu'à ce que le coursier sente qu'il a un maître ; — celui qui, élevé bien haut, marche en triomphateur au milieu du peuple, doit-il être blâmé pour avoir réussi, quand l'être faible et inhabile a échoué et a péri ? Véritablement il a sa récompense. — Et qu'est de plus pour moi que pour les autres ce morceau de toile couvert de couleurs ? Non ; qu'il montre à d'autres les reproches de ce visage froid et calme ; de cet œil où respirent la fierté et la plainte : ceux qui ont agi d'après des motifs plus élevés n'ont pas sujet de tressaillir pour des ombres. Ce n'est pas la soif des richesses et de la puissance qui m'a tiré de mon obscurité. Les consciences opprimées, les libertés de l'Angleterre envahies, telles sont les bannières que j'ai suivies.

Comme s'il eût plaidé sa cause devant quelque tribunal, il éleva la voix si haut, que Pearson, qui était dans la galerie, entr'ouvrit la porte du cabinet. Mais, voyant que son maître avait les yeux étincelans, le bras tendu et un pied en avant, comme un général qui ordonne une charge à son armée, il se retira sur-le-champ.

— C'est tout autre chose que l'intérêt personnel qui m'a fait agir, continua Cromwell; et je défie le monde entier, — oui, les morts comme les vivans, — de dire que j'ai pris les armes pour une cause privée, ou pour augmenter ma fortune. Il n'y avait pas un seul soldat dans le régiment qui y fût arrivé avec moins de mauvaise volonté contre ce malheureux.....

En ce moment, la porte du cabinet s'ouvrit, et Wildrake y vit entrer une jeune dame que sa ressemblance avec le général pouvait faire reconnaître pour sa fille; mais il n'y avait dans ses traits qu'une douceur féminine. Elle s'avança vers Cromwell, passa un bras sous le sien avec une douceur mêlée de fermeté, et lui dit d'un ton persuasif :

— Mon père, cela n'est pas bien; vous m'aviez promis que cela n'arriverait pas.

Le général baissa la tête en homme qui était honteux du mouvement auquel il s'était laissé emporter, ou de l'influence qu'une femme exerçait sur lui. Il y céda pourtant, suivit l'impulsion affectueuse du bras de sa fille, et sortit de l'appartement sans donner un autre regard au portrait qui l'avait tellement ému.

CHAPITRE IX.

« Partez, partez ! vous savez ce que vous ne devriez
» pas savoir. »

SHAKSPEARE. *Macbeth.*

WILDRAKE fut laissé dans le cabinet, seul et plongé dans l'étonnement. On disait souvent que Cromwell, ce politique habile, ce profond homme d'état, ce général plein de sang-froid et d'intrépidité, cet être extraordinaire qui avait surmonté tant de difficultés, et qui s'était élevé à une telle hauteur qu'il semblait déjà planer sur le pays qu'il avait conquis, avait, comme beaucoup d'autres hommes d'un grand génie, une teinte naturelle de mélancolie. Cette mélancolie se trahissait quelquefois dans sa conduite et dans ses discours; on en avait vu les premiers symptômes dans ce changement subit et frappant qui eut lieu en lui lorsque, abandonnant entièrement les mœurs dissolues de sa jeunesse, il se livra à de strictes pratiques religieuses, qu'il semblait considérer, en certaines occasions, comme le mettant en rapport plus direct et presque immédiat avec le monde spirituel. On dit qu'à cette époque de sa vie cet homme extraordinaire s'abandonnait quelquefois à des illusions, ou, comme il les regardait lui-même, à des inspirations prophétiques d'une grandeur future, et de grands événemens étranges et mystérieux, qui devaient le rendre aussi remarquable à l'avenir qu'il l'avait été dans sa jeunesse par des excès de folie et de débauche. Il fallait quelque chose de ce genre pour expliquer les scènes semblables à celle que nous venons de voir, auxquelles il se laissait quelquefois entraîner (1).

A l'étonnement qu'éprouvait Wildrake de ce qui venait de se passer se joignaient aussi quelques inquiétudes pour son propre compte. Quoiqu'il ne fût pas le plus réfléchi des hommes, il avait assez de bon sens pour savoir qu'il est dangereux d'être témoin des faiblesses des grands; et on le laissa seul si long-temps qu'il put craindre secrètement que le général ne fût tenté de prendre des moyens pour faire disparaître, soit en l'enfermant, soit même autrement, un témoin qui l'avait vu, pressé par les aiguillons de sa conscience, descendre de cette sphère d'élévation dans laquelle il affectait de planer sur ce monde sublunaire.

Il ne rendait pourtant pas justice, à cet égard, à Cromwell. Le caractère du général républicain ne le portait ni à des soupçons excessifs ni à des actes de cruauté gratuite.

(1) On dit que, très-jeune encore, Cromwell eut une vision, dans laquelle une femme lui apportait le sceptre de l'Angleterre. — Éd.

Au bout d'environ une heure Pearson reparut; il dit à Wildrake de le suivre, et il le conduisit dans un appartement situé dans une autre partie du palais, où il trouva le général assis sur un sofa. Sa fille était avec lui, mais à une certaine distance, et occupée de quelque ouvrage de femme. A peine tourna-t-elle la tête quand Pearson et le jeune cavalier arrivèrent.

A un signe que lui fit Cromwell, Wildrake s'approcha de lui.

— L'ami, lui dit le général, tes anciens camarades, les Cavaliers, me regardent comme leur ennemi, et ils se conduisent envers moi comme s'ils désiraient que je le devinsse. Je te déclare qu'ils travaillent contre leur intérêt, car je les considère et je les ai toujours considérés comme des fous honnêtes et honorables qui ont perdu le jugement au point de se passer un nœud coulant autour du cou, et de se frapper la tête contre les murailles, pour avoir pour roi un homme nommé Stuart, et aucun autre. Les insensés! Les caractères de l'alphabet ne peuvent-ils donc former aucun nom qui sonnât aussi bien que Charles Stuart, s'il était suivi de ce titre magique? Le mot roi est comme une lampe qui jette le même éclat sur toutes les combinaisons possibles des lettres; et cependant il faut qu'ils versent leur sang pour un nom! Quant à toi, tu n'as rien à craindre de moi. Voici un ordre en bonne forme, pour faire évacuer la Loge de Woodstock, et pour en confier la garde à ton maître, ou à ceux qu'il lui plaira d'en charger. Je ne doute pas qu'il n'y place son oncle et sa jolie cousine. Adieu, pense à ce que je t'ai dit. On assure que la beauté est une pierre d'aimant pour le Jeune Homme que tu sais; mais je crois qu'en ce moment de beaux yeux et des cheveux blonds ne sont pas les astres qui dirigent sa course. Quoi qu'il en soit, tu connais mes intentions. Aie les yeux ouverts, bien ouverts ; surveille avec attention tous les sentiers, tous les chemins détournés, toutes les haies le long desquelles se glissent les vagabonds. Nous vivons dans un temps où les guenilles d'un mendiant peuvent couvrir la rançon d'un prince. Tiens, voilà quelques quadruples de Portugal ; ta poche n'en a guère vu de semblables, je suppose. Encore une fois, pense à ce que tu as entendu, et, ajouta-t-il en baissant la voix, mais d'un ton plus imposant, oublie ce que tu as vu. — Mes amitiés à ton maître, et, je te le répète de nouveau, *souviens-toi*, et *oublie*.

Wildrake le salua, retourna dans son auberge, et partit de Windsor en toute diligence.

Ce fut dans l'après-midi du même jour que le Cavalier rejoignit son ami la Tête-Ronde, qui l'attendait impatiemment dans l'auberge de Woodstock, où il lui avait donné rendez-vous.

— Où as-tu été? s'écria Markham dès qu'il l'aperçut. Qu'as-tu vu? Pourquoi cet air étrange d'incertitude? Pourquoi ne me réponds-tu pas?

— Parce que vous me faites trop de questions à la fois, répondit Wildrake en se débarrassant de son manteau et de sa rapière ; un homme n'a qu'une langue pour répondre, et la mienne est presque collée à mon palais.

— Faut-il que tu boives pour l'en détacher? Je suis pourtant sûr que tu as essayé ce remède à chaque cabaret que tu as trouvé sur la route. Demande tout ce que tu voudras, mais sois bref.

— Colonel Everard, je n'ai pas même bu un verre d'eau aujourd'hui.

— Et c'est ce qui te donne de l'humeur : eh bien ! fais-la passer si tu le veux avec un verre d'eau-de-vie ; mais ne sois pas assez bizarre pour faire durer plus long-temps un accès de taciturnité qui fait qu'on ne te reconnaît pas.

— Colonel Everard, répondit le Cavalier d'un ton fort grave, je suis un homme changé.

— Je crois que tu changes tous les jours de l'année et à toutes les heures du jour. — Voyons ! dis-moi bien vite si tu as vu le général et s'il t'a remis un ordre pour expulser de Woodstock les commissaires au séquestre.

— J'ai vu le diable, répondit Wildrake, et, comme tu le dis, il m'a remis un ordre.

— Donne-le-moi donc bien vite ! s'écria Everard en tendant la main pour prendre le paquet.

— Pardon, Markham ; mais si tu savais dans quel dessein cet ordre est accordé. Si tu savais ce que je n'ai pas intention de te dire, quelles espérances sont fondées sur cette faveur, j'ai assez bonne opinion de toi pour être convaincu que tu prendrais avec la main un fer rouge placé sur une enclume plutôt que de toucher à ce morceau de papier.

— Fort bien, fort bien ! c'est encore quelqu'une de tes idées exagérées de loyalisme. Elles sont fort bonnes quand on les contient dans certaines limites ; mais elles nous rendent fous quand on les porte à l'excès. Ne crois pas, puisqu'il faut que je te parle franchement, que je voie sans chagrin l'anéantissement de notre ancienne monarchie et la substitution qu'on y a faite d'une autre forme de gouvernement ; mais les regrets que je donne au passé doivent-ils m'empêcher d'acquiescer et de

concourir aux mesures qui peuvent assurer l'avenir ? Le parti royal est abattu, quand même toi et tous les Cavaliers de la Grande-Bretagne vous jureriez le contraire.
— Abattu de manière à ne pas se relever, du moins d'ici à long-temps. Le parlement, dont on a si souvent fait sortir tour à tour tous ceux qui étaient assez courageux pour maintenir leur liberté d'opinion, est maintenant réduit à une poignée d'hommes d'état qui ont perdu le respect du peuple, en conservant si long-temps le pouvoir suprême. Ils ne peuvent plus s'y maintenir sans licencier l'armée; et les soldats, naguère serviteurs et aujourd'hui maîtres, ne veulent pas être licenciés; ils connaissent leur force; ils savent qu'ils peuvent rester en corps d'armée, recevoir leur solde et vivre à discrétion dans toute l'Angleterre aussi long-temps qu'ils le voudront. Je te dis, Wildrake, qu'à moins que nous ne nous réunissions autour de l'homme qui peut seul leur en imposer et les faire obéir, nous pouvons nous attendre à voir la loi militaire régner sur toute l'Angleterre. Quant à moi, je crois que la conservation des privilèges qu'on voudra bien nous laisser ne pourra être due qu'à la sagesse et à la modération de Cromwell. — Maintenant tu connais mon secret; tu sais que je regarde ce que je fais non comme absolument bien, mais comme le mieux qu'il soit possible de faire. Et moi aussi j'aurais désiré, peut-être pas aussi ardemment que toi, qu'il eût été possible de rétablir le roi sur son trône à des conditions raisonnables qui eussent garanti sa sûreté et la nôtre. — Tu me regardes comme un rebelle, mon cher Wildrake, mais du moins rends-moi la justice de croire que je le suis involontairement. Dieu sait que je n'ai jamais banni de mon cœur l'amour et le

respect pour la personne du roi, même en tirant l'épée contre ses perfides conseillers.

— Que la peste étouffe un pareil jargon! s'écria Wildrake. Vous chantez tous la même chanson. Vous avez tous porté les armes contre le roi en toute affection et loyauté, tous jusqu'au dernier. Cependant j'entrevois votre finesse, et j'en suis plus content que je ne m'y attendais. L'armée est votre ours maintenant; le vieux Noll est celui qui le fait danser, et vous êtes comme un constable de village qui cherche à flatter le gardien de Bruin (1) pour l'empêcher de le démuseler. Eh bien, il peut venir un jour où le soleil brillera du côté de la haie où nous sommes, et alors vous et tous ces braves gens, amateurs de leurs aises, qui sont toujours du parti le plus fort, vous ferez cause commune avec nous.

Sans trop faire attention à ce que lui disait son ami, le colonel Everard lisait avec attention l'ordre de Cromwell.

— Cet ordre est plus péremptoire que je ne l'espérais, dit-il; il faut que le général se sente bien fort pour opposer si directement sa propre autorité à celle du conseil d'état et du parlement.

— Vous n'hésiterez pas à en profiter? demanda Wildrake.

— Non certainement, répondit Everard; mais il faut que j'attende l'assistance du maire, qui, je crois, ne sera pas fâché de voir ces drôles expulsés de la Loge. Je dois éviter, s'il est possible, d'avoir l'air d'agir uniquement par autorité militaire.

(1) *Bruin*, l'ours. Nom qu'on donne en Angleterre à cet animal; comme nous disons en France Jacot pour le perroquet. — Éd.

S'avançant à la porte de l'appartement, il appela un garçon de l'auberge, et le chargea d'aller chez le premier magistrat de la ville, et de lui dire que le colonel Everard désire le voir dans le plus court délai possible.

—Vous êtes sûr qu'il arrivera comme un chien au coup de sifflet de son maître, dit Wildrake. Le mot capitaine ou colonel fait trotter le gras citadin dans un temps où un sabre vaut cinquante chartes municipales. Mais il y a des dragons là-bas, et ce coquin à figure sournoise que j'ai effrayé l'autre soir en lui montrant mon visage à la croisée; crois-tu que les coquins se laissent déloger sans résistance.

—L'ordre du général aura plus de poids pour eux que n'en auraient des actes du parlement par douzaines. Mais il est temps que tu prennes quelque chose s'il est vrai que tu sois venu de Windsor jusqu'ici sans faire une seule pause.

—Je ne suis nullement pressé; car je te dirai que ton général m'a offert un déjeuner qui, je crois, me servira long-temps, si jamais je suis en état de le digérer. Par la messe! il pesait tellement sur ma conscience que je l'ai porté à l'église pour voir si je pourrais le faire passer comme mes autres péchés. Mais non, je le sens toujours lié.

—A l'église! à la porte de l'église, veux-tu dire? Je te connais, tu ne manques jamais d'ôter ton chapeau respectueusement en passant devant la porte; mais pour y entrer, c'est ce qui ne t'arrive pas tous les jours.

—Eh bien! si j'ôte mon chapeau et que je m'agenouille, n'est-il pas convenable de montrer dans une église le même respect que dans un palais? N'est-il pas grotesque de voir vos Anabaptistes, vos Brownistes, et vous autres tous tant que vous êtes, vous réunir pour entendre un sermon, sans plus de cérémonie que n'en font des pourceaux autour de leur auge? Mais voici le diner, et je dirai le bénédicité si je puis me le rappeler.

Everard prenait trop d'intérêt au destin de son oncle et à celui de sa belle cousine, il était trop occupé de l'espoir qu'il avait de les rétablir dans leur paisible demeure, sous la protection de ce formidable bâton de commandement qui était déjà aussi respecté que l'avait été le sceptre de la Grande-Bretagne, pour remarquer qu'il s'était réellement opéré un grand changement, du moins quant à l'extérieur, dans les manières et la conduite de son compagnon. On pouvait apercevoir en lui de temps en temps une sorte de lutte entre l'ancienne habitude de céder à ses penchans et quelque résolution d'abstinence nouvellement formée; il était presque burlesque de voir la main du néophyte s'avancer souvent, par un mouvement d'instinct naturel, vers une grande cruche contenant deux flacons d'excellente ale, et s'en détourner, comme par une réflexion soudaine de buveur converti, pour prendre une carafe de cristal dans laquelle brillait une eau pure et salutaire.

Il était aisé de voir que la tâche de sobriété que Wildrake s'était imposée ne lui était pas encore devenue très-facile, et que, si elle avait en sa faveur l'approbation de la partie spirituelle de l'homme, la partie corporelle ne s'y soumettait qu'à contre-cœur. Mais l'honnête Wildrake avait été mortellement effrayé des propositions que lui avait faites Cromwell, et, avec un sentiment qui n'est pas exclusivement particulier à la religion catholique, il avait pris la détermination solennelle que s'il sortait honorablement et en sûreté de cette dangereuse entrevue, il en témoignerait sa reconnaissance au ciel en renonçant à quelques-uns de ses péchés favoris, et notamment à celui de l'intempérance, auquel il n'était que trop adonné ainsi qu'un grand nombre de ses anciens compagnons.

Cette résolution, ou cette espèce de vœu, lui avait été suggérée autant par la prudence que par la religion. Il avait songé qu'il était possible que quelques affaires, d'une nature délicate et difficile, se présentassent à lui dans les circonstances où il se trouvait, et que, pour les conduire convenablement, il aurait besoin de consulter quelque meilleur oracle que celui de la Dive Bouteille, célébrée par Rabelais. En conséquence de cette sage détermination, il ne toucha ni à l'ale ni à l'eau-de-vie placées en face de lui, et refusa le vin du Rhin que son ami lui proposa de faire venir. Cependant, lorsque le garçon, ayant ôté les assiettes et les serviettes, se préparait à emporter la grande cruche dont nous avons déjà parlé, le bras nerveux du Cavalier parut s'avancer plus que de coutume pour arrêter le Ganymède qui se retirait; il saisit la cruche d'ale, l'approcha de ses lèvres, et murmura en soupirant : — De par le diable! — je veux dire le ciel me pardonne, — nous sommes de faibles créatures d'argile, et un coup bu avec modération doit être permis à notre fragilité.

A ces mots il acheva le mouvement nécessaire pour coller à ses lèvres la grande cruche dont on voyait le goulot s'abaisser graduellement, à mesure que sa main droite en soulevait le fond. Everard doutait beaucoup que le buveur et la cruche se séparassent avant que tout ce que contenait celle-ci eût été transvasé dans l'estomac du premier. Cependant Roger Wildrake s'arrêta modestement lorsqu'il eut bu d'un seul trait environ une pinte et demie.

Il remit alors la cruche sur le plateau, respira longuement pour se rafraîchir les poumons, ordonna au garçon d'emporter le vin et l'eau-de-vie, d'un ton qui impliquait quelque doute de sa constance, et, se tournant alors vers son ami Everard, il fit un long éloge de la tempérance, et ajouta que le petit coup qu'il venait de boire lui avait fait plus de bien que s'il eût passé quatre heures à table à porter des santés.

Le colonel ne répondit rien; mais il ne put s'empêcher de penser secrètement que la tempérance de Wildrake avait opéré dans la cruche, d'un seul trait, un aussi grand vide que celui qu'aurait pu y pratiquer un buveur modéré en une séance de toute une soirée. Ce sujet de conversation fut écarté par l'arrivée de l'aubergiste, qui venait annoncer à Son Honneur le colonel Everard que le maire de Woodstock s'était rendu à ses ordres, accompagné du révérend M. Holdenough.

CHAPITRE X.

> « Vantez-nous désormais votre bœuf à deux têtes !
> » Ce n'est rien qu'un ânon. Vous allez voir ici
> » Une tête à deux corps : un prodige inouï.
> » Mus par un seul vouloir, n'ayant qu'une pensée,
> » Ces deux corps n'ont qu'une ame à leur être annexée.
> » Quand la tête a fini de parler, à l'instant
> » On voit les quatre pieds applaudir en grattant. »
>
> *Ancienne comédie.*

La physionomie de l'honnête maire qui s'empressait de se rendre à l'invitation du colonel Everard, offrait un mélange d'importance et d'embarras, et sa contenance était celle d'un homme qui sent qu'il a un rôle à jouer, sans savoir exactement en quoi ce rôle consiste. Mais un grand plaisir de voir Everard semblait se joindre à ces deux sentimens, et il lui fit maints complimens, qu'il répéta plusieurs fois, avant de pouvoir se déterminer à écouter ce qu'on avait à lui dire.

— Bon et digne colonel, dit le maire, votre présence est véritablement en tout temps une faveur désirable pour la ville de Woodstock. N'êtes-vous pas, comme je puis le dire, notre concitoyen, puisque vous avez habité si long-temps le palais? Les choses en sont vraiment venues à un tel point que mon faible esprit n'y peut suffire, quoique j'aie réglé toutes les affaires de cette ville pendant bien des années, et vous arrivez à mon secours comme..... comme.....

—*Tanquàm deus è machinâ*, comme dit le poète païen, reprit maître Holdenough, quoique je ne puise pas souvent mes citations dans de pareils ouvrages. Oui, maître Markham Everard,—digne colonel, dois-je plutôt dire,—vous êtes sans contredit le bienvenu à Woodstock, plus qu'homme au monde le bienvenu depuis le temps du vieux roi Henry.

—J'avais une affaire à vous communiquer, mon digne ami, dit le colonel en s'adressant au maire; je serai charmé si je puis en même temps trouver l'occasion de vous être de quelque utilité ou à votre respectable pasteur.

—Nul doute que vous ne le puissiez, mon cher monsieur, dit Holdenough; vous avez la tête et vous avez la main; et nous avons besoin de l'une pour nous donner de bons conseils, et de l'autre pour les exécuter.—Je sais, digne colonel, que vous et votre excellent père vous vous êtes toujours comportés dans ces temps de troubles en hommes ayant véritablement un esprit chrétien et modéré, cherchant à verser de l'huile sur les plaies du pays, tandis que tant d'autres voulaient les frotter de poivre et de vitriol; et je sais pareillement que vous êtes de fidèles enfans de l'Église, que nous avons purgée de toutes les maximes du papisme et de l'épiscopat.

—Mon bon et révérend ami, répondit Everard, je respecte la science et la piété d'un grand nombre de vos prédicateurs; mais je suis aussi pour la liberté de conscience générale. Je n'embrasse pas le parti des sectaires, mais je suis fort éloigné de désirer qu'ils soient persécutés.

—Monsieur, monsieur, s'écria le presbytérien, tout cela sonne bien; mais je vous laisse à penser quel beau pays, quelle belle Église nous paraissons sur le point d'avoir, au milieu des erreurs, des blasphèmes et des schismes qui s'introduisent tous les jours dans le royaume et dans l'Église d'Angleterre; de sorte que le digne maître Édouard, dans son ouvrage intitulé *Gangrena*, déclare que notre pays natal va devenir la sentine et l'égout des schismes, des hérésies, des blasphèmes et des abominations, comme on disait que l'armée d'Annibal était le rebut de toutes les nations, *colluvies omnium gentium*.—Croyez-moi, digne colonel, les membres de l'honorable chambre voient toutes ces choses trop légèrement, et ferment les yeux comme le vieil Hélie. Ces soi-disant instructeurs, les schismatiques, renversent de leur chaire les ministres orthodoxes, s'insinuent dans les familles, et en bannissent la paix en aliénant les cœurs de la foi établie.

— Mon cher maître Holdenough, dit le colonel interrompant le zélé presbytérien, nous avons lieu de déplorer ces malheureux germes de discorde, et je conviens avec vous que les exagérés du moment actuel ont entraîné les esprits au-delà de ce qu'exige une religion simple et sincère, et même aussi de ce que demandent le décorum et le bon sens ; mais la patience est le seul remède qu'on puisse y apporter. L'enthousiasme est un torrent dont la fougue peut se passer avec le temps, mais qui ne pourrait manquer de renverser toutes les barrières directes qu'on tenterait d'opposer à son cours. — Mais qu'a de commun la conduite des schismatiques avec l'objet qui nous rassemble ?

— En partie ce que je vais vous dire, monsieur, répondit Holdenough, quoique je commence à croire que vous prendrez la chose moins à cœur que je ne me l'étais imaginé avant de vous avoir vu. — Moi-même, — moi, Nehemiah Holdenough, ajouta-t-il en prenant un air d'importance, j'ai été expulsé de vive force de ma propre chaire, comme un homme l'aurait été de sa maison par un étranger, par un intrus, par un loup qui ne s'était pas même donné la peine de se couvrir d'une peau de brebis, mais qui s'est présenté sous son costume de loup, c'est-à-dire en jaquette de peau de buffle et en bandoulière, et qui a prêché à ma place devant une congrégation qui est pour moi ce qu'est le troupeau pour un berger légitime. — Cela n'est que trop vrai, monsieur. — Monsieur le maire en a été témoin. — Il a fait les efforts qu'un homme pouvait faire pour empêcher ce désordre..... Je crois pourtant, ajouta-t-il en se tournant vers le maire, que vous auriez pu en faire un peu davantage.

— Suffit, suffit, mon cher monsieur Holdenough, dit le maire ; ne revenons pas sur cette affaire. Guy de Warwick ou Bevis d'Hampton (1) pourrait faire quelque chose avec cette génération de déterminés ; mais en vé-

---

(1) Chevaliers du bon temps de la chevalerie poétique. — Éd.

rité, ils sont trop forts et trop nombreux pour le maire de Woodstock.

— Ce que dit monsieur le maire me paraît plein de bon sens, reprit le colonel. Je doute que les indépendans voulussent se battre si on ne leur permettait pas de prêcher. Et alors que diriez-vous si les Cavaliers venaient à se lever de nouveau.

— On peut voir des êtres pires que les Cavaliers, répondit Holdenough.

— Comment, monsieur! répliqua le colonel. Permettez-moi de vous rappeler, maître Holdenough, que ce langage n'est pas prudent dans l'état actuel de la nation.

— Je répète, s'écria le presbytérien, qu'on peut voir se lever des êtres pires que les Cavaliers, et je prouve ce que je dis. — Le diable est pire que le pire des Cavaliers qui ait jamais porté une santé ou proféré un blasphème. — Et le diable s'est levé à la loge de Woodstock.

— C'est la vérité, dit le maire; il s'y est montré visiblement, corporellement et sous ses propres traits. — Dans quel temps nous vivons!

— Messieurs, je ne sais réellement comment je dois vous comprendre, dit le colonel Everard.

— C'était précisément du diable que nous voulions vous parler, dit le maire; mais le digne ministre est toujours si ardent sur le chapitre des sectaires.....

— Qui sont les enfans du diable, et qui participent presque à sa nature, s'écria Holdenough. Mais il est très-vrai que l'accroissement de ces sectes a amené le malin esprit sur la surface de la terre, afin de veiller à ses intérêts au milieu de ceux qui les font prospérer.

— Maître Holdenough, dit le colonel, si vous parlez

par figures, je vous ai déjà dit que je n'ai ni les moyens ni les connaissances nécessaires pour modérer le feu de ces dissensions religieuses. Mais si vous voulez parler d'une véritable apparition du démon, il m'est permis de croire qu'un homme comme vous, armé de votre doctrine et de votre science, est un antagoniste plus convenable à lui opposer qu'un soldat comme moi.

— Vous avez raison, monsieur, répondit le ministre, et j'ai assez de confiance dans la mission que j'ai reçue pour me mettre en campagne contre l'esprit malin sans un instant de délai. Mais l'endroit où il s'est montré étant Woodstock, et cet endroit étant rempli de ces gens dangereux et impies dont je me plaignais tout à l'heure, quoique j'osasse argumenter contre leur tout-puissant maître lui-même, cependant je ne crois pas, sans votre protection, digne colonel, pouvoir me présenter avec prudence devant ce taureau menaçant et furieux, Desborough, cet ours dévorant et sanguinaire, Harrison, ou ce froid et venimeux serpent, Bletson, qui sont tous trois maintenant à la Loge, y vivant à discrétion, regardant tout ce qui s'y trouve comme un butin leur appartenant; et, comme tout le monde le dit, le diable y est venu pour faire partie carrée avec eux.

— Digne et noble colonel, reprit le maire, ce que vous dit maître Holdenough est l'exacte vérité. — Nos privilèges sont déclarés nuls, — on saisit nos bestiaux jusque dans les pâturages; — on parle d'abattre et de détruire le beau parc qui a fait si long-temps les plaisirs de tant de rois, ce qui mettrait Woodstock sur le même niveau que le plus misérable village. — Je vous assure que nous avons appris votre arrivée avec grande joie, et nous étions surpris de vous voir vous tenir renfermé dans cette auberge. Nous ne connaissons, dans cette extrémité, que votre père et vous qui puissiez vous montrer les amis des pauvres bourgeois de cette ville, puisque toute la noblesse des environs n'est composée que de malveillans dont les biens sont séquestrés. Nous espérons donc que vous interviendrez en notre faveur.

— Certainement, monsieur le maire, répondit le colonel, qui vit avec plaisir que ses désirs étaient prévenus. — J'avais précisément dessein d'intervenir dans cette affaire, et je ne me suis tenu à l'écart que parce que j'attendais pour agir les ordres du lord général.

— Les ordres du lord général ! répéta le maire en poussant un coude contre les côtes du ministre; entendez-vous cela? Quel coq osera combattre ce coq? Nous leur ferons la barbe à présent; et Woodstock sera toujours Woodstock.

— Ne mettez pas votre coude en contact avec mes côtes, monsieur le maire, dit le presbytérien, mécontent du geste dont le magistrat avait accompagné ses paroles; et fasse le ciel que Cromwell ne soit pas aussi dur pour le peuple anglais que vos os à mes flancs! cependant j'approuve que nous nous servions de son autorité pour mettre un frein à la conduite des gens dont je viens de parler.

— Eh bien! partons sur-le-champ, dit le colonel Everard; je me flatte que nous trouverons ces messieurs raisonnables et obéissans.

Les deux fonctionnaires laïque et ecclésiastique y consentirent avec grande joie, et le colonel demanda à Wildrake sa rapière et son manteau, comme s'il eût véritablement occupé près de lui la place subordonnée qu'il était censé remplir. Cependant le malin Cavalier, tout en lui rendant ce service, trouva le moyen de pincer légèrement le bras de son ami, pour maintenir ainsi secrètement le niveau de l'égalité entre eux.

Le colonel, en traversant les rues, fut salué avec respect par un grand nombre d'habitans inquiets, qui semblaient regarder son intervention comme le seul moyen de prévenir la confiscation et la ruine de leur beau parc, et de conserver les droits et privilèges de la ville et des citoyens.

— Que me disiez-vous d'une apparition qui a eu lieu en cet endroit ? demanda le colonel à ses compagnons en entrant dans le parc.

— Comment ! colonel, répondit le ministre ; vous savez vous-même que Woodstock a toujours été hanté par des esprits.

— J'y ai vécu bien du temps, dit Everard, et je sais que je n'y en ai jamais vu le moindre symptôme, quoique les oisifs parlassent de la Loge comme on parle de tous les vieux châteaux, et qu'ils en remplissent les appartemens d'esprits et de spectres pour tenir la place des grands personnages qui les ont occupés autrefois.

— J'espère, digne colonel, reprit le presbytérien, que vous n'êtes pas infecté du péché dominant aujourd'hui, et que vous ne fermez pas les yeux aux témoignages rendus en faveur des apparitions, dont il n'y a que les athées et les avocats de la sorcellerie qui puissent douter.

— Je ne voudrais pas refuser positivement, dit le colonel, de croire ce qui est généralement affirmé ; mais mon caractère me porte à douter de la vérité de la plupart des histoires de cette sorte que j'ai entendu raconter, et jamais ma propre expérience ne m'en a confirmé aucune.

— Vous pouvez pourtant m'en croire, riposta Holdenough ; il y a toujours eu à Woodstock un démon d'une espèce ou d'une autre. Il ne se trouve dans la ville ni un homme ni une femme qui n'ait ouï raconter quelques histoires des apparitions qui ont eu lieu dans la forêt ou dans le vieux château. Tantôt on y entend les aboiemens d'une meute de chiens, les cris des chasseurs, le son des cors, le galop des chevaux, d'abord dans l'éloignement, et ensuite de plus près. — Quelquefois vous rencontrez un chasseur solitaire qui vous demande si vous savez de quel côté est allé le cerf. C'est ce que nous appelons *Dæmon meridianum*, le spectre de midi.

— Révérend maître Holdenough, dit le colonel, j'ai demeuré bien long-temps à Woodstock, j'ai traversé le parc à toutes les heures du jour, et je puis vous assurer que toutes les histoires qu'on débite à ce sujet ne sont que le résultat de la folie, de la superstition et de la crédulité.

— Une négation ne prouve rien, colonel, répliqua le ministre. Je vous demande pardon, mais de ce que vous n'avez rien vu de semblable dans le parc, s'ensuit-il qu'on doive rejeter le témoignage positif d'une vingtaine de personnes qui déclarent avoir vu ? — D'ailleurs, il y a aussi le *Dæmon nocturnum*, le spectre des ténèbres, et il s'est montré la nuit dernière au milieu de ces indépendans et de ces schismatiques. — Oui, colonel, vous pouvez me regarder, mais c'est une chose certaine. — Qu'ils essaient, les profanes ! s'ils se mettront en peine du don de prière et d'exhortation qu'ils se vantent d'avoir reçu du ciel! — Non, monsieur, non; pour maîtriser le malin esprit il faut avoir une connaissance compétente de la théologie et des belles lettres humaines; avoir reçu une éducation cléricale régulière, et avoir été convenablement appelé au saint ministère.

— Je ne doute nullement, dit le colonel, que vous n'ayez toutes les qualités requises pour chasser efficacement le démon; mais je persiste à croire que quelque étrange méprise a occasioné cette confusion parmi eux, si elle a réellement existé. Bien certainement Desborough est assez stupide, et Harrison est assez fanatique pour tout croire; mais d'une autre part, ils ont avec eux Bletson, qui ne croit rien. — Et vous, monsieur le maire, que savez-vous de cette histoire?

— Que ce fut M. Bletson lui-même qui donna la première alarme, répondit le magistrat, ou du moins qui la donna distinctement. — Il est bon que vous sachiez, monsieur, que j'étais au lit seul avec ma femme, et aussi bien endormi qu'on peut désirer de l'être à deux heures après minuit, quand on vint frapper à ma porte à coups redoublés pour m'avertir qu'il y avait une alarme à Woodstock, et que la cloche du château, à cette heure, sonnait aussi fort qu'on l'avait jamais entendue sonner pour annoncer à la cour celle du dîner.

— Fort bien, mais quelle était la cause de cette alarme?

— Vous allez le savoir, digne colonel, vous allez le savoir, répliqua le maire en faisant un geste de la main avec dignité; car c'était un de ces hommes qu'on ne peut jamais faire marcher plus vite que leur pas ordinaire. Mistress la mairesse voulait me persuader, par affection et tendresse pour moi, la pauvre femme, que quitter mon lit bien chaud à une pareille heure c'était m'exposer à une nouvelle attaque de mon ancienne douleur de lumbago, et que je ferais mieux de renvoyer les gens qui venaient troubler mon sommeil à l'alderman Dutton. — L'alderman le diable! mistress la mairesse, lui répondis-je : — pardon, maître Holdenough, si je profère une telle parole devant votre révérence. — Croyez-vous que je sois homme à rester au lit pendant que la ville est en feu, que les Cavaliers sont insurgés, et qu'il y a le diable à confesser? — Pardon encore une fois, maître Holdenough ; — mais nous voilà à la porte du palais, colonel, ne voulez-vous pas entrer?

— Je voudrais d'abord arriver au bout de votre histoire, monsieur le maire, si toutefois elle en a un.

— Toute chose a un bout, digne colonel, et ce que nous appelons un pouding en a deux. — Votre Honneur me pardonnera d'être un peu facétieux. — Où en étais-je? — Ah! je sautai à bas de mon lit, et je mis mes culottes de pluche rouge et mes bas bleus; car je me fais toujours un devoir d'être vêtu d'une manière conforme à ma dignité, colonel Everard, la nuit comme le jour, l'hiver comme l'été. J'emmenai les constables avec moi, en cas que l'alarme eût été occasionée par des rôdeurs de nuit ou des voleurs, et j'allai tirer de son lit le digne maître Holdenough, en cas que ce fût le diable, de sorte que j'étais préparé pour le pire. Nous partîmes, et bientôt nous entendîmes marcher sur nos talons les soldats qui sont venus dans notre ville avec maître Tomkins; car on leur avait fait prendre les armes, et ils se rendaient à la Loge aussi vite que leurs jambes pouvaient les porter. Alors je fis signe à mes gens de les laisser passer avant nous ; et j'avais pour cela une double raison.

— Une seule me suffira, pourvu qu'elle soit bonne, monsieur le maire. — Vous désiriez sans doute que les Habits-Rouges commençassent la besogne.

— C'est cela, monsieur, c'est cela, et même qu'ils la finissent, attendu que c'est leur métier de se battre. Néanmoins, nous continuâmes à marcher d'un pas lent, en hommes déterminés à faire leur devoir sans se laisser influencer par la crainte ou par la faveur ; mais tout à coup nous aperçûmes quelque chose de blanc qui s'avançait à grands pas sur l'avenue conduisant à la ville, et mes six constables prirent la fuite sur-le-champ, croyant que c'était l'apparition connue sous le nom de la Femme Blanche de Woodstock.

— Entendez-vous cela, colonel ? dit Holdenough. Je vous ai dit que des démons de plus d'une espèce hantaient cet ancien théâtre des débauches et des cruautés des rois.

— J'espère, monsieur le maire, dit Everard, que vous sûtes maintenir votre terrain ?

— Je..... oui..... très-certainement...., c'est-à-dire, à parler vrai, je ne maintins pas mon terrain, car je battis en retraite, mais honorablement et sans désordre, colonel ; et je me postai, avec le clerc de la ville, derrière le digne M. Holdenough, qui, avec le courage d'un lion, attendit le spectre supposé, et l'assaillit avec un tel déluge de latin que le diable en aurait été effrayé, ce qui nous fit découvrir que ce n'était ni le diable, ni la Femme Blanche, ni une femme de quelque couleur que ce soit, mais l'honorable maître Bletson, membre de la chambre des communes, et l'un des commissaires envoyés ici pour mettre le malheureux séquestre sur la forêt, le parc et la Loge de Woodstock.

— Et c'est tout ce que vous avez vu du diable ?

— Oui vraiment ; et je n'avais nulle envie d'en voir davantage. — Cependant nous reconduisîmes à la Loge maître Bletson, comme c'était notre devoir, et, chemin faisant, il murmurait toujours qu'il avait rencontré une troupe de diables incarnés, en habits rouges, qui s'y rendaient, quoique, suivant mon premier jugement, ce fussent plutôt les dragons indépendans que nous avions laissé passer avant nous.

— Et je ne crois pas qu'on puisse voir de diables plus incarnés ! s'écria Wildrake, qui ne put se condamner plus long-temps au silence.

Cette nouvelle voix, qui se fit entendre tout à coup, montra combien les nerfs du bon magistrat étaient encore susceptibles d'alarme ; car il tressaillit, et fit un saut de côté, avec une légèreté dont, à la première vue, on n'aurait jamais cru que pût être capable un homme qui réunissait l'embonpoint à la dignité. Everard imposa silence à son compagnon indiscret, et, désirant savoir quelle avait été la conclusion de cette étrange histoire, il pria le maire de lui apprendre comment l'affaire s'était terminée, et s'il avait arrêté le spectre supposé.

— Vraiment, monsieur, répondit le maire, maître Holdenough a montré un courage inouï en faisant face au diable en quelque sorte, et en le forçant à paraître sous la forme réelle de maître Josué Bletson, membre du parlement pour le bourg de Littlefaith.

—Au fait, monsieur le maire, dit le presbytérien, j'ignorerais étrangement les privilèges que me donne la mission que j'ai reçue d'en haut si je me faisais valoir pour avoir le courage d'attaquer Satan sous sa forme naturelle ou sous celle de quelque indépendant que ce soit. Je les défie tous, au nom de celui que je sers; je leur crache au visage et je les foule aux pieds. — Mais comme notre digne Maire est un peu long dans sa narration, colonel Everard, j'informerai brièvement Votre Honneur que nous ne vîmes le grand ennemi, la nuit dont il s'agit, que par ce que nous dit maître Bletson dans le premier moment de terreur, et par ce que nous conclûmes du désordre dans lequel nous trouvâmes le colonel Desborough et le major-général Harrison.

— Dans quel état les avez-vous donc trouvés? demanda le colonel.

— Il ne fallait qu'ouvrir la moitié d'un œil pour voir qu'ils venaient de livrer un combat dans lequel ils n'avaient pas remporté la victoire; car le général Harrison se promenait en long et en large dans l'appartement, l'épée nue à la main, se parlant à lui-même; sa veste était déboutonnée, ses aiguillettes dénouées, ses jarretières lui tombant sur les pieds et le faisant chanceler à chaque pas; il grimaçait comme un singe ou comme un fou d'acteur. Desborough était assis, ayant devant lui une bouteille qu'il venait de vider, et qui ne lui avait laissé ni assez de bon sens pour parler ni donné assez de courage pour jeter un coup d'œil derrière lui. Il tenait en main une Bible, comme s'il eût voulu livrer bataille au malin esprit; mais hélas! je regardai par-dessus son épaule, et je vis que le pauvre homme la tenait à rebours. C'était comme si un de vos fusiliers, noble et respectable colonel, présentait à l'ennemi la crosse de son mousquet. — Ah! ah! ah! — c'était un spectacle d'après lequel on pouvait juger des schismatiques sous le rapport de la tête et du cœur comme sous celui de la science et du courage. Ah! colonel! comme il était facile alors de distinguer le véritable caractère d'un légitime pasteur des ames de celui de ces misérables qui sautent dans la bergerie sans autorisation légale pour se mêler de prêcher, d'enseigner, d'exhorter, et qui osent, les blasphémateurs qu'ils sont, appeler la doctrine de l'Église un potage sans sel et un os décharné!

— Je ne doute pas que vous ne fussiez prêt à vous exposer au danger, monsieur; mais je voudrais savoir en quoi ce danger consistait, et quelles circonstances pouvaient le faire craindre.

— Était-ce à moi à faire une pareille question? s'écria le ministre avec un air de triomphe. Est-ce à un brave soldat à demander quel est le nombre de ses ennemis et de quel côté ils arrivent? — Non, monsieur; j'étais là, le canon pointé, la mèche allumée, prêt à lancer les boulets de la parole divine contre autant de diables que l'enfer aurait pu en vomir, eussent-ils été aussi nombreux que les atômes qu'on voit danser à travers un rayon de soleil, fussent-ils venus à la fois des quatre points cardinaux. — Les papistes parlent de la tentation de saint Antoine, — belle chose! — Qu'ils doublent le nombre des myriades d'esprits infernaux que le cerveau déréglé d'un peintre flamand a inventés: et vous trouverez un pauvre ministre presbytérien, — je réponds d'un au moins, — qui, non par sa propre force, mais par la volonté de son maître, les recevra de telle manière qu'au lieu de revenir à la charge jour après jour et nuit après nuit, comme ils le firent à l'égard de ce pauvre saint, ils s'enfuiront confus et désespérés jusqu'au fond de l'Assyrie.

— Mais je voudrais savoir si vous avez vu quelque chose sur quoi vous ayez pu exercer votre pieux courage.

— Vu ? — Non, je n'ai rien vu, et n'ai cherché à rien voir. Comme les voleurs n'attaquent pas les voyageurs bien armés, de même les démons et les mauvais esprits ne se hasardent pas à assaillir celui qui porte dans son sein la parole de vérité dans la langue où elle a été dictée. Oui, monsieur, ils fuient un théologien qui peut entendre le saint texte, comme on dit qu'un corbeau se tient hors de portée d'un fusil chargé de gros plomb.

Les interlocuteurs étaient retournés un peu sur leurs pas pour se donner le temps de continuer cette conversation, et le colonel, voyant qu'elle ne conduisait à aucune explication satisfaisante de l'alarme qui avait eu lieu la veille, dit à ses compagnons qu'il était temps d'aller à la Loge, et il en reprit le chemin.

Le jour commençait à tomber, et les tours de Woodstock s'élevaient bien au-dessus du dôme de feuillage que la forêt étendait autour de cette antique et vénérable demeure. Dans l'intérieur d'une des plus hautes de ces tours, qu'on distinguait d'autant plus aisément qu'elle se dessinait sur un firmament d'azur, on voyait briller une lumière semblable à celle que produirait une chandelle. Le maire l'aperçut, s'arrêta sur-le-champ, saisit fortement le bras du ministre d'une main, et de l'autre celui du colonel Everard, et dit à la hâte en tremblant, mais à voix basse :

— Voyez-vous cette lumière ?

— Oui sans doute, je la vois, répondit Everard, — et

qu'importe? — une lumière placée dans une chambre, au haut d'une tour, dans un vieux château comme Woodstock, n'est pas un phénomène, il me semble.

— Mais une lumière dans la tour de Rosemonde en est un, répliqua le magistrat.

— Cela est vrai, dit le colonel un peu surpris quand, après un examen attentif, il eut reconnu que le digne maire ne se trompait pas dans sa conjecture. — C'est véritablement la tour de Rosemonde; et comme le pont-levis par où seulement on pouvait y entrer a été détruit il y a plus d'un siècle, il est difficile de dire quel hasard peut avoir placé une lumière dans un endroit inaccessible.

— Cette lumière n'est pas alimentée par des combustibles terrestres, dit le maire; — elle n'est produite ni par l'huile de baleine ou d'olive, ni par la cire, ni par la graisse de mouton. — Je vendais de toutes ces denrées, colonel, avant d'être maire de Woodstock; et je puis vous assurer que je suis en état de distinguer l'espèce de lumière que donne chacune d'elles à une plus grande distance que nous ne sommes de cette tour. — Regardez bien, ce n'est pas une flamme de ce monde. — Ne voyez-vous pas sur les bords quelque chose de bleu et de rouge? — C'en est bien assez pour démontrer d'où elle vient. — Colonel, mon avis est que nous retournions souper à la ville, et que nous laissions le diable et les Habits-Rouges arranger leurs affaires ensemble cette nuit. Nous reviendrons demain matin, et alors nous dirons deux mots au parti qui sera resté en possession du champ de bataille.

— Vous ferez ce qu'il vous plaira, monsieur le maire

répondit Everard; mais mon devoir exige que je voie ce soir les commissaires.

— Et le mien est de faire face à l'ennemi, s'il ose se montrer à moi, ajouta Holdenough. — Je ne suis nullement surpris que, sachant qui s'approche, il se soit retiré dans un fort inaccessible, dans la citadelle et la dernière défense de cet ancien château. — Il est difficile à contenter, je vous en réponds, et il aime à faire son séjour dans les endroits qui sentent la luxure et le meurtre. Or c'est dans cette tour que pécha Rosemonde. — C'est dans cette tour qu'elle fut assassinée. — C'est dans cette tour qu'elle se montre encore, ou plutôt que l'ennemi se montre sous sa forme, comme je l'ai entendu dire à des personnes véridiques de Woodstock. — Je vous suivrai, brave colonel; — monsieur le maire agira comme bon lui semblera. — L'homme fort s'est fortifié dans sa maison; mais en voilà un plus fort que lui qui arrive.

— Quant à moi, qui ne suis pas plus savant que belliqueux, dit le magistrat, je ne veux avoir à combattre ni les puissances de la terre ni le prince des puissances de l'air, et je retournerai à Woodstock. — Écoute, mon camarade, dit-il à Wildrake en lui frappant sur l'épaule, je te donnerai un shilling mouillé et un shilling sec si tu veux me reconduire jusque chez moi.

— Ventrebleu! maître maire, s'écria Wildrake, peu flatté de la familiarité du magistrat, et n'étant nullement séduit par sa munificence, — je ne sais qui diable nous a rendus camarades vous et moi. — D'ailleurs, croyez-vous que je voulusse retourner à Woodstock avec votre vénérable tête de morue, quand, avec un peu d'adresse, je puis espérer de jeter un coup d'œil sur cette belle Rosemonde, et voir si elle était réellement douée de cette beauté parfaite et incomparable que lui prêtent les rimeurs et les faiseurs de ballades?

— Parlez en termes moins frivoles et moins profanes, l'ami, dit le ministre. — Nous devons résister au diable afin de le chasser loin de nous; mais nous ne devons ni nous mêler de ses affaires, ni entrer dans ses conseils, ni trafiquer des marchandises de sa grande foire de vanité.

— Faites attention à ce que vous dit ce digne homme, reprit le colonel; et ayez soin, une autre fois, que votre esprit ne l'emporte pas sur la discrétion.

— Je suis très-reconnaissant de l'avis du révérend ministre, répondit Wildrake, à la langue duquel il était difficile de mettre un frein, même quand le soin de sa propre sûreté l'exigeait le plus impérieusement; — mais, ventrebleu! quelque expérience qu'il puisse avoir acquise en combattant contre le diable, il n'en a jamais vu un aussi noir que celui contre lequel j'ai eu à escarmoucher — il n'y a pas cent ans.

— Comment! l'ami, dit le presbytérien qui prenait à la lettre tout ce qu'il entendait dire relativement aux apparitions, — Satan vous a-t-il visité si récemment? je n'en suis que plus surpris que vous osiez prononcer son nom aussi légèrement et aussi fréquemment par habitude. — Mais où et quand avez-vous vu le malin esprit?

Everard se hâta de prendre la parole, de crainte que son imprudent compagnon, en faisant quelque allusion encore plus forte à Cromwell, et par une folle inconséquence, ne laissât soupçonner l'entrevue qu'il avait eue avec le général.

— Ce jeune homme extravague, dit-il; — il veut parler d'un rêve qu'il a fait pendant une nuit que lui et moi nous avons passée à la Loge, dans l'appartement de Victor Lee, qui fait partie de celui du grand maître de la capitainerie.

— Grand merci, patron; je vois que vous ne me manquerez pas au besoin, dit Wildrake à l'oreille de son ami, qui cherchait en vain à s'en débarrasser; — une glissade à côté de la vérité n'effraie jamais nos fanatiques.

— Vous aussi, digne colonel, reprit le ministre, vous avez parlé un peu trop légèrement à ce sujet, vu l'ouvrage que nous avons en main. Croyez-moi, il est plus vraisemblable que ce jeune homme, votre serviteur, a eu une vision qu'un rêve dans cet appartement; car j'ai toujours entendu dire qu'après la tour dans laquelle, comme je l'ai déjà dit, Rosemonde pécha, et où elle fut empoisonnée par la reine Éléonore, la chambre de Victor Lee était l'endroit de toute la Loge le plus fréquenté par les mauvais esprits. — Je vous prie, jeune homme, de me dire quel était le sujet de ce songe, ou, pour mieux dire, cette vision.

— De tout mon cœur, monsieur, répondit Wildrake; et se tournant vers le colonel, qui ouvrait la bouche pour l'interrompre : — Allons, monsieur, lui dit-il, je vous ai laissé toute la conversation une heure entière; pourquoi ne pourrais-je pas prendre le dé à mon tour? Par les ténèbres, si vous me condamnez plus long-temps au silence, je me ferai indépendant, et je prêcherai en dépit de vous en faveur de la liberté du jugement de chacun. Eh bien, très-révérend ministre, je rêvais que j'assistais à un divertissement mondain appelé le combat du taureau. Il me semblait voir les chiens attaquer l'animal aussi bravement que je l'ai jamais vu à Tutbury, et entendre dire que le diable était venu pour voir le combat. Eh bien, ventrebleu, pensai-je, je ne serai pas fâché de lorgner un instant sa majesté infernale. Je regardai donc de tous côtés, et je vis un boucher, en habit graisseux d'étoffe de laine, ayant son grand couteau à son côté, mais ce n'était pas le diable. Je vis ensuite un Cavalier ivre, la bouche pleine de juremens, l'estomac vide, ayant une veste galonnée en or qui avait fait du service, et un vieux chapeau surmonté d'un reste de plumet; et ce n'était pas encore le diable. Plus loin étaient un meunier, ayant les mains couvertes de farine, dont il n'y avait pas un seul grain qu'il n'eût volé, et un cabaretier dont le tablier vert était souillé de taches de vin, dont chaque goutte était frelatée, mais aucun de ces artisans d'iniquité n'était le vieux Satan que je cherchais. Enfin, monsieur, j'aperçus un grave personnage dont les cheveux étaient tondus de très-près sur la tête, montrant une paire de longues oreilles, ayant sous le menton un rabat aussi large qu'une bavette d'enfant, portant un habit brun recouvert d'un manteau genevois, et sur-le-champ le vieux Nick (1) parut à mes yeux sous son costume véritable, car.....

— Fi! fi! s'écria le colonel Everard; parler ainsi devant un ministre, devant un vieillard!

— Laissez-le terminer, dit le ministre avec une égalité d'ame parfaite; votre ami ou votre secrétaire s'amuse à plaisanter; je n'aurais pas la patience qui convient à ma profession si je ne savais supporter une

(1) Le Diable.

vaine raillerie, et pardonner à celui qui se la permet. Mais si, d'une autre part, l'Ennemi s'est réellement présenté à lui sous le costume qu'il décrit, pourquoi serions-nous surpris que celui qui peut se revêtir de la forme d'un ange de lumière fût aussi en état de prendre celle d'un mortel fragile et pécheur, dont la vocation et la profession spirituelle devraient, à la vérité, le porter à rendre sa vie digne de servir de modèle aux autres, mais dont la conduite (telle est l'imperfection de notre nature, quand elle n'est point aidée par le secours de la grace) nous présente quelquefois plûtôt un exemple de ce que nous devons éviter?

— Par la messe! honnête Dominie (1), je veux dire respectable ministre, je vous demande dix mille pardons, s'écria Wildrake, touché des reproches sans aigreur du presbytérien. Par saint Georges! s'il ne faut pour cela que de la patience, vous êtes en état de faire une partie de fleurets avec le diable lui-même, et je me contenterais de tenir les enjeux.

Comme il finissait des excuses qui n'étaient certainement pas sans motif légitime, et qui parurent être prises en très-bonne part, ils étaient près de la porte extérieure de la Loge, et une sentinelle qui était de garde les salua d'un — Qui va là? — prononcé d'une voix forte.

— Ami, répondit le colonel Everard.

— Halte-là, ami! répliqua le factionnaire; et il appela le caporal de garde.

Le sous-officier arriva, et ayant demandé qui étaient

---

(1) Homme de latin. Titre ironique donné à un maître d'école, à un ministre, etc. — Éd.

ceux qui se présentaient, le colonel lui dit son nom et ceux de ses compagnons.

— Je ne doute pas, répondit le caporal, que je ne reçoive l'ordre de vous admettre à l'instant; mais il faut d'abord que je fasse mon rapport à M. Tomkins, afin qu'il informe Leurs Honneurs de votre arrivée.

— Comment, monsieur! s'écria Everard, avez-vous dessein, sachant qui je suis, de me laisser à la porte jusqu'à ce que toutes ces formalités aient été remplies?

— Si Votre Honneur veut entrer, je ne m'y opposerai pas, répliqua le caporal, pourvu que vous me garantissiez de toute responsabilité pour avoir manqué à ma consigne.

— En ce cas, faites votre devoir, dit le colonel. Mais les Cavaliers sont-ils donc en campagne? Quel motif vous a fait donner une consigne si stricte et si rigoureuse?

Le caporal ne répondit pas distinctement; on l'entendit seulement murmurer entre ses moustaches quelque chose de l'Ennemi et du lion rugissant qui cherche une proie pour la dévorer.

Un instant après Tomkins arriva, suivi de deux domestiques portant des lumières dans de grands chandeliers de cuivre. Ils marchèrent devant le colonel et ses compagnons, se serrant l'un contre l'autre et se coudoyant involontairement, en traversant divers corridors pour gagner un grand escalier en bois dont les appuis et la rampe étaient en chêne noir. Après l'avoir monté, ils entrèrent dans un grand salon où brûlait un feu énorme, et éclairé par une douzaine de grosses chandelles placées dans des branches de candélabres le long des murs. C'était là qu'étaient assis les commissaires alors en possession de la Loge et du domaine royal de Woodstock.

CHAPITRE XI.

    « L'ours, monstre indépendant, informe, mal léché,
    » Grommelait sourdement son discours ébauché ;
    » Le singe, près de lui, vrai miroir de l'athée,
    » Imitait tour à tour chaque secte en Protée.
    » Quoique pour lui d'aucune il n'eût encor fait choix. »
              Dryden. *La Biche et la Panthère* (1).

La grande clarté qui régnait dans le salon dont nous venons de parler fit qu'Everard reconnut aisément Desborough, Harrison et Bletson. Ils étaient assis devant une grande table de chêne, placée près du feu, sur laquelle on voyait du vin, de l'ale, et tout ce qu'il fallait pour fumer, seuls plaisirs qu'on se permit alors généralement. Une espèce de buffet mobile, très-élevé, était

---

(1) On sait que ce poëme religieux de Dryden est une satire contre les diverses sectes religieuses personnifiées sous forme d'animaux. Voyez la *Vie de Dryden*. — Éd.

placé entre la table et la porte. On s'en servait autrefois pour y placer la vaisselle d'argent, dans les grandes occasions; mais en ce moment il n'était destiné qu'à tenir lieu de paravent, et il remplaçait ce meuble si efficacement, qu'Everard, avant d'en avoir fait le tour, eut le temps d'entendre Desborough dire avec sa grosse voix rauque :

— Il l'envoie pour partager avec nous, j'en réponds. — C'est toujours la manière de Son Excellence mon beau-frère. — Quand il ordonne un dîner pour cinq amis, il invite plus de monde que la table n'en peut tenir. — Je l'ai vu inviter trois personnes à dîner avec deux œufs.

— Chut! chut! dit Bletson; et les deux domestiques, sortant de derrière le grand buffet, annoncèrent le colonel Everard. — Le lecteur ne sera peut-être pas fâché de connaître un peu mieux la compagnie dans laquelle il va se trouver.

Desborough était un homme robuste, à cou de taureau, de moyenne taille, ayant des traits communs, de gros sourcils grisonnans, et des yeux affligés de glaucome (1). La fortune de son puissant beau-frère ayant rejailli sur lui, il se faisait remarquer par la richesse d'un costume beaucoup plus orné que ne l'était en général celui des Têtes-Rondes. Il avait un manteau brodé, une cravate garnie de dentelles; son chapeau était surmonté d'une grande plume attachée avec une agrafe d'or; en un mot, tous ses vêtemens auraient mieux convenu à un courtisan qu'à un officier de l'armée parlementaire. Mais Dieu sait combien l'air de

(1) Opacité du cristallin, etc. — Éd.

grace et de dignité que donne la cour était loin de briller dans l'extérieur et les manières de ce personnage, à qui son beau costume allait aussi bien que l'armure dorée va au pourceau sur certaine enseigne (1).

Ce n'était pas qu'il fût précisément difforme, examiné en détail ; mais tous ses membres semblaient agir d'après des principes différens et contradictoires ; et ils n'étaient pas, comme le dit un auteur comique, — dans une juste *concaténation* (2). En un mot, pour employer une comparaison un peu extravagante, les membres du colonel Desborough paraissaient ressembler aux représentans mécontens d'un congrès fédératif plutôt qu'aux divers ordres bien unis et bien ordonnés d'un état monarchique, où chacun est à sa place, et obéit aux ordres d'un chef commun.

Le général Harrison, le second des commissaires, était un homme de haute taille, maigre, et qui s'était élevé à ce haut rang dans l'armée et avait gagné les bonnes graces de Cromwell par une valeur à toute épreuve ; il devait sa popularité à un enthousiasme exalté qui le distinguait au milieu des saints guerriers, des sectaires et des indépendans.

Harrison était de basse extraction, et il avait exercé le métier de boucher comme son père. Cependant son air, quoique grossier, n'était pas aussi commun que celui de Desborough, qui avait tant d'avantage sur lui du côté

(1) Ces enseignes grotesques étaient autrefois très-fréquentes en Angleterre ; elles sont remplacées aujourd'hui par des têtes historiques, celles de Wellington, de Georges, etc. — Éd.

(2) Expressoin de Goldsmith dans *The stoops to conquer*, elle s'abaisse pour vaincre, pièce traduite dans *la collection des théâtres étrangers*, sous le titre des *Méprises d'une nuit*. — Éd.

de la naissance et de l'éducation. Il avait une grande taille, comme nous l'avons déjà dit, et une force qui y répondait; il était bien fait; et, quoique ses manières eussent un caractère de rudesse militaire, elles pouvaient le faire craindre, mais non le rendre un objet de mépris et de ridicule. Son nez aquilin et ses grands yeux noirs donnaient du relief à une physionomie qui d'ailleurs n'était pas très-régulière; et l'enthousiasme sauvage qui tantôt brillait dans ses regards quand il communiquait ses opinions aux autres, tantôt semblait sommeiller sous ses longs cils noirs quand il était absorbé dans ses réflexions, prêtait quelque chose d'imposant et même de noble à son aspect.

Il était un des principaux chefs des fanatiques qu'on appelait les hommes de la cinquième monarchie, qui, allant même au-delà du fanatisme de ce siècle, avaient la présomption d'interpréter au gré de leur imagination le livre de l'Apocalypse, regardaient le second avénement du Messie et le Millénaire, ou le règne des saints sur la terre, comme sur le point d'arriver; ils s'étaient persuadé qu'étant doués, comme ils le croyaient, de la faculté de prévoir ces événemens prochains, ils étaient eux-mêmes les instrumens choisis pour l'établissement du nouveau règne ou de la cinquième monarchie, et se trouvaient destinés à en obtenir tous les honneurs, soit spirituels, soit temporels.

Lorsque cet esprit d'enthousiasme, qui agissait sur lui comme une démence partielle, n'affectait pas immédiatement son esprit, Harrison était un homme aussi habile dans les voies du monde que bon soldat. Il ne laissait échapper aucune occasion d'améliorer sa fortune; et, en attendant l'exaltation de la cinquième monarchie, il servait volontiers d'instrument pour établir le pouvoir suprême de Cromwell. Il serait difficile de dire s'il le devait à sa première profession et à l'habitude de voir avec indifférence les animaux souffrir et leur sang couler, à ses dispositions naturelles et à son manque de toute sensibilité, ou enfin au caractère particulier de son fanatisme qui lui faisait regarder ceux qui s'opposaient à lui comme s'opposant à la volonté divine, et, par conséquent, ne méritant ni pitié ni merci; mais chacun convenait qu'après une victoire ou la prise d'assaut d'une ville Harrison était un des hommes les plus cruels et les plus sanguinaires de l'armée de Cromwell. Il avait toujours à la bouche quelque texte dont il faisait une fausse application pour autoriser le massacre des fuyards, et quelquefois même pour mettre à mort ceux qui s'étaient rendus prisonniers. On prétendait même que parfois le souvenir de quelques-unes de ces cruautés alarmait sa conscience et troublait les rêves de béatification auxquels son imagination se livrait.

Tel était ce digne représentant des soldats fanatiques qui remplissaient les rangs de ces régimens que Cromwell avait eu la politique de maintenir au complet, tandis qu'il avait fait réduire ceux dans lesquels les presbytériens avaient la prépondérance. Lorsque Everard entra, Harrison était assis à quelque distance de ses deux collègues, les jambes croisées et étendues devant le feu, le menton appuyé sur une main, et les yeux levés, comme s'il eût étudié avec la plus profonde gravité la sculpture du plafond gothique.

Il nous reste à parler de Bletson, qui, par l'extérieur et la figure, différait des deux autres. Sa mise n'était ni négligée ni recherchée, et l'on ne voyait sur lui aucune marque de rang ou de service militaire. La petite épée qu'il portait semblait avoir uniquement pour but de le faire reconnaître comme gentilhomme, sans que sa main eût la moindre envie de se familiariser avec la poignée, ou que ses yeux désirassent faire connaissance avec la lame. Il avait l'air fin, le visage maigre et marqué de quelques rides gravées, moins par l'âge que par l'habitude de la réflexion ; et le ricanement perpétuel de sa physionomie, même quand il cherchait le moins à donner à ses traits l'expression du mépris, semblait dire à celui avec qui il conversait qu'il trouvait en Bletson un homme dont l'intelligence était bien supérieure à la sienne. C'était un triomphe obtenu par la force intellectuelle seulement ; car, dans toutes les controverses, Bletson évitait avec soin l'*ultima ratio* des coups de sabre ou de pistolet.

Cet homme pacifique avait été pourtant obligé de servir en personne dans l'armée parlementaire au commencement de la guerre civile ; mais, s'étant malheureusement trouvé en contact avec l'impétueux prince Rupert, la retraite qu'il fit fut jugée si précipitée, qu'il fallut tout le crédit de ses amis pour empêcher qu'il ne fût traduit en justice ou devant une cour martiale. Mais, comme Bletson était bon orateur, et que ses discours produisaient un grand effet dans la chambre des communes, qui était sa sphère naturelle, on oublia sa conduite à Edgehill, et il continua à prendre une part active dans tous les événemens politiques de ce temps d'agitation, mais sans s'exposer de nouveau aux chances douteuses de la guerre.

Les principes de théorie politique de Bletson l'avaient

long-temps porté à épouser les opinions d'Harrison et de beaucoup d'autres, qui avaient conçu le projet visionnaire d'établir une république purement démocratique dans un pays aussi étendu que la Grande-Bretagne. C'était une idée folle, appliquée à une contrée où il existe une si énorme différence de rangs, d'habitudes, d'éducation et de mœurs, avec une disproportion si immense entre les fortunes, et où une grande partie de la population se compose des classes inférieures des habitans des villes et des districts manufacturiers, de ces hommes qui sont hors d'état de prendre à l'administration d'un état cette part qui doit appartenir à tous les membres d'une république, dans la véritable acception de ce mot. En conséquence, dès qu'on en eut fait l'expérience, il devint évident qu'une pareille forme de gouvernement ne pourrait être adoptée avec la moindre chance de stabilité, et la question se réduisit à savoir si le reste du long parlement, le Croupion, comme on l'appelait, ne formant plus, par la retraite d'un si grand nombre de ses membres, que quelque vingtaine d'individus, continuerait, en dépit du flux inverse de la popularité, à gouverner la Grande-Bretagne; si cette assemblée jetterait tout dans la confusion en se déclarant dissoute, ou en convoquant un nouveau parlement, dont on ne pouvait prévoir ni les élémens qui le composeraient, ni les mesures qu'il pourrait prendre quand il serait assemblé ; ou enfin si Cromwell, comme cela arriva, jetterait son épée dans la balance, et s'emparerait hardiment de cette autorité que ce qui restait du parlement était incapable de conserver, et craignait d'abandonner.

Telle étant la situation des partis, le conseil d'état,

en distribuant les faveurs qui étaient à sa disposition, cherchait à apaiser et à satisfaire l'armée, comme un mendiant qui jette une croûte de pain à un chien qui gronde. Agissant d'après de telles vues, il avait nommé pour commissaires au séquestre de Woodstock, Desborough, pour satisfaire Cromwell, et Harrison pour plaire aux impétueux sectateurs de la cinquième monarchie; il leur avait adjoint Bletson comme républicain sincère et comme formé du même levain que ceux qui le nommaient.

Mais, si les membres du conseil d'état et du parlement supposaient que Bletson eût la moindre intention de devenir martyr de son républicanisme, ou de s'exposer à quelque perte sérieuse pour maintenir ses opinions, ils ne connaissaient pas leur homme. Il avait sincèrement adopté leurs principes, et il n'y tenait pas moins depuis qu'ils avaient été reconnus impraticables, car une épreuve manquée ne convertit pas plus le spéculateur politique que l'explosion d'une cornue ne détrompe un alchimiste; mais Bletson n'en était pas moins prêt à se soumettre à Cromwell, ou à quiconque serait en possession actuelle de l'autorité. Il était véritablement en pratique sujet du pouvoir existant, et il faisait peu de différence entre les diverses espèces de gouvernement, pensant en théorie que tous étaient presque égaux en défauts, du moment qu'ils s'éloignaient du modèle tracé dans l'*Oceana* d'Harrington. Cromwell en était déjà sûr, comme de la cire amollie qu'on tient entre le doigt et le pouce, et dont on va se servir pour appliquer un sceau. Il souriait en lui-même en voyant le conseil d'état accorder des récompenses à Bletson, comme à un fidèle partisan, tandis qu'il était certain de son obéissance dès que le changement attendu dans le gouvernement aurait eu lieu.

Mais Bletson était encore plus attaché à ses principes métaphysiques qu'à sa croyance politique, et il portait ses idées sur la perfectibilité du genre humain aussi loin que ses opinions sur la perfection des gouvernemens. Et comme, dans ce dernier cas, il se déclarait contre tout pouvoir qui n'émanait pas du peuple même; ainsi dans ses spéculations morales il ne voulait rapporter aucun des phénomènes de la nature à une cause finale. Il est vrai que, lorsqu'on le poussait un peu loin, Bletson était forcé de murmurer quelques mots inarticulés d'une doctrine inintelligible concernant un *animus mundi* (1), un pouvoir créateur par lequel la nature a, dans l'origine, créé tous ses ouvrages, et continue à les conserver. Quelques-uns des plus purs métaphysiciens, disait-il, rendaient hommage à ce pouvoir jusqu'à un certain point, et il n'était pas lui-même absolument porté à blâmer ceux qui, par l'institution de fêtes, de danses, de chants et de libations innocentes, pouvaient être disposés à célébrer cette grande déesse, la Nature : du moins danser, chanter, se divertir, étant des choses agréables pour tous les âges, autant valait qu'on dansât, qu'on chantât, qu'on se divertît à certains jours de fête marqués qu'à toute autre époque. Mais ce système modéré de religion ne devait se mettre en pratique qu'accompagné de tolérance, et personne ne devait être forcé de danser, de chanter et de boire, si son goût ne le portait pas à de semblables divertissemens, de même que personne ne devait être contraint à ado-

(1) Une ame du monde. — Tr.

rer le pouvoir créateur, soit sous le nom d'*animus mundi*, soit sous quelque autre dénomination que ce pût être. Il désavouait entièrement l'idée de l'intervention de la Divinité dans les affaires de ce monde, s'étant prouvé, à sa propre satisfaction, qu'elle ne devait son origine qu'aux prêtres. En un mot, sauf l'exception métaphysique dont il vient d'être parlé, M. Josué Bletson de Darlington, membre du parlement pour le bourg de Littlefaith (1), était aussi près de l'athéisme qu'il est possible à l'homme d'en approcher. Nous disons pourtant tout cela avec toutes réserves de fait et de droit; car nous avons connu bien des gens superstitieux comme Bletson, quoique leurs craintes ne fussent sanctionnées par aucune foi religieuse. Les démons, dit-on, croient et tremblent; mais il y a sur la terre des êtres qui, dans une situation pire que les fils aînés de la perdition, tremblent sans croire, et craignent même en blasphémant.

Il en résultait naturellement que rien ne pouvait être regardé avec plus de mépris par M. Bletson que les querelles entre les épiscopaux et les presbytériens, et les débats sur les Indépendans, les Quakers, les Anabaptistes, les Muggletoniens, les Brownistes, et toutes les sectes diverses qui avaient commencé la guerre civile, et qui perpétuaient la discorde. C'était la même chose, disait-il, que si les bêtes de somme se disputaient entre elles sur la manière dont on a fait leurs brides et leurs licous, au lieu de saisir une occasion favorable pour s'en débarrasser. Il avait coutume de faire d'autres remarques ingénieuses et profondes, quand le temps et le

(1) Ce mot signifie *peu de foi*. — Éd.

lieu le permettaient; par exemple, dans le club appelé de la Rota, fréquenté par Saint-John, et établi par Harrington pour y discuter librement tout sujet politique ou religieux.

Mais quand Bletson était hors de cette académie, ou de cette forteresse de la philosophie, il prenait grand soin de ne pas porter le mépris pour le préjugé généralement établi en faveur de la religion et du christianisme plus loin qu'une objection couverte ou un sarcasme. S'il avait occasion de parler en particulier à un jeune homme ingénu et intelligent, il cherchait à en faire un prosélyte, et montrait beaucoup d'adresse pour séduire la vanité de l'inexpérience en lui représentant qu'un esprit comme le sien devait s'élever au-dessus des préjugés dont on l'avait nourri dans son enfance, et en l'assurant qu'un homme comme lui, en quittant la *bulla* de l'incapacité enfantine, pour le *latus clavus* (1) de la raison, comme Bletson le prétendait, devait examiner et se décider par lui-même. Il arrivait souvent que le jeune homme se laissait aller à adopter, en tout ou en partie, la doctrine du sage qui lui avait fait apercevoir son génie naturel, et qui l'avait pressé d'en faire usage pour examiner les choses par lui-même et découvrir la vérité. C'était ainsi que la flatterie gagnait à l'impiété des prosélytes que n'auraient pu faire l'éloquence la plus puissante et les sophismes les plus artificieux de l'incrédule.

Ces tentatives pour grossir les rangs de ceux qu'on

---

(1) *Bulla.* Ornement d'or que portaient les jeunes Romains jusqu'à dix-sept ans. — Le *latus clavus* ou *laticlave* remplaçait à cet âge la *bulla*.

appelait esprits forts et philosophes, Bletson, comme nous l'avons déjà dit, ne les faisait qu'avec des précautions suggérées par son caractère timide. Il savait que ses principes étaient suspects, et que ses démarches étaient surveillées par les deux principales sectes, celles des épiscopaux et des presbytériens, qui, quoique ennemies l'une de l'autre, l'étaient encore bien davantage de celui qui non-seulement s'opposait à l'établissement d'une église sous quelque dénomination que ce fût, mais qui n'admettait même aucun des principes fondamentaux du christianisme. Il avait donc trouvé plus facile de se cacher parmi les indépendans, qui demandaient la liberté générale des consciences, ou une tolérance absolue, et dont la croyance, différent, sous tous les rapports et dans tous ses détails, de celle des autres sectaires, était portée par quelques-uns d'entre eux jusqu'à des erreurs si extravagantes qu'ils adoptaient à peu près toutes les conclusions des incrédules, parce que tous les extrêmes se touchent, dit-on.

Bletson était fort répandu parmi ces sectaires, et il avait tant de confiance dans sa logique et dans son adresse, qu'on présume qu'il avait conçu l'espoir d'amener à ses opinions l'enthousiaste Vane, et même Harrison, qui ne l'était pas moins, pourvu qu'il pût obtenir d'eux qu'ils renonçassent à leurs visions d'une cinquième monarchie, et qu'ils se contentassent du règne des philosophes en Angleterre pendant le cours naturel de leur vie, au lieu de celui des saints pendant le millénaire.

Tel était le singulier groupe dans lequel nous venons d'introduire le colonel Everard. Ces trois êtres montraient, par leurs opinions diverses, sur combien d'écueils la raison humaine peut faire naufrage quand elle a une fois perdu l'ancre que la religion lui prêtait. L'amour-propre ingénieux et la science mondaine de Bletson, de même que les conclusions que l'ignorance et la présomption faisaient tirer au sombre et grossier Harrison, les conduisant dans les deux extrêmes opposés de l'incrédulité et du fanatisme, tandis que Desborough, naturellement stupide, ne donnait pas même une pensée à la religion, ce dernier pouvait être comparé à un navire qu'une voie d'eau fait couler à fond dans la rade même, tandis que ses collègues allaient tous deux s'égarer loin du port, entraînés par des courans opposés. Que de fautes et de méprises avaient dû commettre le roi et les ministres, le parlement et ceux qui en étaient les meneurs, pour contribuer à placer au nombre des arbitres de la destinée de la Grande-Bretagne, des hommes dont les opinions étaient si dangereuses, et le caractère si intéressé!

Ceux dont les argumens sont fondés sur l'esprit de parti mettront toutes les fautes d'un côté sans daigner jeter un regard sur celles qui se trouvent de l'autre. Ceux qui étudient l'histoire pour s'instruire reconnaîtront qu'il fallait le défaut de concessions de part et d'autre, et toute l'animosité mutuelle qui s'était déclarée entre le parti du roi et celui du parlement, pour renverser si complètement la balance de la constitution anglaise. Mais nous nous hâtons de quitter les réflexions politiques, d'autant plus que nous croyons que les nôtres ne seraient du goût ni des Whigs ni des Torys.

CHAPITRE XII.

« Trois forment un chapitre ; et si, par déférence,
» Il faut d'un quatrième admettre la présence,
» Avec lui tout au moins qu'il apporte sa part. »

BEAUMONT et FLETCHER.

M. BLETSON se leva, et salua le colonel Everard avec l'aisance et la courtoisie d'un gentilhomme du temps, quoiqu'il fût, sous tous les rapports, fâché de le voir arriver, le regardant comme un homme religieux qui avait en horreur les principes des esprits forts, et dont la présence l'empêcherait de convertir à sa philosophie Harrison et même Desborough, tout stupide qu'était celui-ci. D'ailleurs Bletson connaissait Everard pour un homme d'une probité ferme, et qui ne serait nullement disposé à donner les mains à un projet sur lequel il avait déjà sondé ses deux collègues avec succès, et qui avait pour but d'assurer aux commissaires quelque petite indemnité secrète pour leurs peines. Le philosophe fut encore moins content de voir le magistrat et le pasteur qui l'avaient rencontré la nuit précédente quand il s'enfuyait de la Loge, *relictâ non benè parmulâ* (1), ayant oublié, dans sa précipitation, de prendre son manteau.

L'arrivée du colonel n'était pas plus agréable à Desborough qu'à Bletson; mais Desborough, qui ne croyait pas qu'il existât un homme capable de résister à la tentation de puiser dans un sac d'argent non compté, était surtout affecté péniblement par la pensée qu'attendu cette augmentation fâcheuse faite à leur nombre, le butin qu'on pouvait se promettre à Woodstock allait se diviser par quarts, au lieu d'être partagé par tiers. Cette réflexion ajouta à la gaucherie naturelle avec laquelle il murmura une sorte de bienvenue à Everard.

Pour Harrison, il resta impassible, en homme dont les pensées s'élevaient plus haut, il ne changea point d'attitude; ses yeux restèrent fixés sur le plafond, et rien n'annonça en lui qu'il se fût aperçu de l'entrée de nouveau-venus.

Cependant Everard s'assit à la table en homme qui sentait qu'il en avait le droit, et fit signe à ses trois compagnons de se placer du côté du bas bout. Wildrake, par méprise ou par distraction, prit place au-dessus du maire; mais un regard du colonel lui rappela le rôle qu'il jouait, et, se levant, il alla modestement se placer plus bas, en sifflant un air, ce qui fixa sur lui les

---

(1) *Ayant honteusement jeté son bouclier.* — Expression d'Horace en parlant de lui-même. — Éd.

yeux de toute la compagnie, étonnée d'une licence si peu convenable. Pour que rien ne manquât à son oubli du décorum, il prit une pipe, l'emplit de tabac, et fut bientôt enveloppé d'une atmosphère de fumée, d'où l'on vit peu après sortir une main qui saisit un pot d'ale, et le fit entrer dans ce sanctuaire des vapeurs. Après avoir bu fort à son aise, Wildrake remit le pot sur la table, et commença à renouveler le nuage qui s'était à demi dissipé pendant qu'il était différemment occupé.

Personne ne fit aucune observation sur sa conduite, probablement par égard pour le colonel : Everard lui-même se mordit les lèvres, mais garda le silence, craignant que le moindre reproche qu'il adresserait à son compagnon ne servît qu'à attirer quelque réponse qui caractériserait encore mieux le Cavalier. Cependant ce silence ayant quelque chose de gauche, et aucun des membres du trio, après les premiers complimens, ne paraissant disposé à le rompre, Everard leur dit enfin :

— Je présume, messieurs, que vous êtes un peu surpris de me voir arriver ici, et me placer en intrus dans votre compagnie.

— Et pourquoi diable en serions-nous surpris, colonel? répondit Desborough. Nous connaissons les manières de Son Excellence, de mon beau-frère Noll, du lord général, je veux dire. Nous savons que, dans toutes ses marches, il a coutume de faire loger dans chaque ville qu'il traverse plus de soldats qu'elle n'en peut contenir. Vous avez donc été nommé quatrième commissaire?

— Et en cela, dit Bletson en souriant et en saluant, le lord général nous a donné le collègue le plus agréable qu'il eût pu nous adjoindre. Vous avez sans doute un ordre à cet effet, délivré par le conseil d'état?

— Je vais vous justifier de mes ordres dans un instant, messieurs, répondit le colonel. Il mit la main dans sa poche pour y prendre l'ordre de Cromwell, afin de leur en communiquer le contenu; mais remarquant qu'il y avait sur la table trois ou quatre flacons presque vides, que Desborough paraissait encore plus stupide que de coutume, que le philosophe, malgré sa tempérance habituelle, avait les yeux troubles, il en conclut qu'ils s'étaient fortifiés contre la terreur que leur inspirait un château hanté par des esprits, en faisant une bonne provision de ce qu'on appelle le courage hollandais, et il se détermina à retarder l'explication de l'affaire importante qui l'amenait jusqu'à ce que le matin leur eût rendu leur sang-froid.

Au lieu donc de leur présenter l'ordre du général qui mettait fin à leur mission, il se borna à leur dire : — Mon arrivée ici a sans doute quelque rapport à ce que vous y faites; mais excusez ma curiosité. Voici un révérend ministre, — et il leur montra en même temps Holdenough, — qui m'a dit que vous êtes dans un embarras si étrange que vous avez besoin des autorités civiles et spirituelles pour vous mettre en état de vous maintenir en possession de Woodstock.

— Avant d'entrer dans les détails de cette affaire, dit Bletson rougissant jusqu'au blanc des yeux au souvenir de sa frayeur trahie et si peu d'accord avec ses principes, je voudrais savoir quel est cet autre étranger qui est venu avec le digne magistrat et le non moins digne ministre presbytérien.

— Parlant de moi? dit Wildrake en posant sa pipe

sur la table. Ventrebleu ! il fut un temps où j'aurais pu répondre à cette question en me donnant un meilleur titre ; mais quant à présent, je ne suis que l'humble clerc ou secrétaire de Son Honneur, quel que soit d'ailleurs celui de ces deux noms qu'il convient que je prenne.

— Vraiment, mon drôle, tu as la langue bien affilée, et tu parais avoir ton franc-parler, dit Desborough. Voilà mon secrétaire Tomkins, qu'on a assez sottement surnommé Fibbet (1), et Bibbet (2), celui de l'honorable major général Harrison, qui sont maintenant à souper à la cuisine ; ils n'oseraient, par égard pour leurs oreilles, prononcer un mot de manière à être entendus en présence de leurs supérieurs, si ce n'est pour répondre à une question.

— Oui, colonel Everard, dit, avec son sourire tranquille, le philosophe, nullement fâché de détourner la conversation du sujet de l'alarme de la nuit précédente et des souvenirs qui humiliaient son amour-propre et troublaient son contentement habituel de lui-même ; — oui, c'est la vérité : et quand maître Fibbet et maître Bibbet parlent, leurs affirmations s'expriment uniformément, de même que leurs noms semblent avoir été faits pour fournir deux rimes à un poète. S'il arrive à maître Fibbet de dire un mensonge, maître Bibbet jure que c'est la vérité. Si maître Bibbet vient à s'enivrer en toute crainte du Seigneur, maître Fibbet fait serment que son camarade n'a bu que de l'eau. J'ai nommé mon secrétaire Gibbet, quoique son véritable nom soit seu-

(1) Terme d'argot, signifiant menteur. — Éd.
(2) Autre terme d'argot, signifiant biberon, bon buveur. — Éd.

lement Gibeon, — un digne Israélite, à votre service, colonel; un jeune homme aussi pur qu'aucun Juif qui ait jamais rongé un os de l'agneau pascal. — Mais je l'appelle Gibbet pour compléter le tercet, pour fournir la troisième feuille du saint trèfle. Ce drôle, votre secrétaire, colonel Everard, a l'air d'être digne du reste de la confrérie.

— Non, sur ma foi, dit le Cavalier; je ne veux être accouplé ni à un chien de Juif, ni même à une Juive.

— Ne les méprisez pas tant, jeune homme, dit le philosophe; vous savez qu'en fait de religion les Juifs sont les frères aînés.

— Les Juifs plus anciens que les chrétiens! s'écria Desborough; en vérité, Bletson, on te traduira devant l'Assemblée Générale si tu t'avises de parler ainsi.

Wildrake rit sans cérémonie de l'ignorance grossière de Desborough, et un écho à demi étouffé lui ayant répondu de derrière le buffet servant de paravent, on voulut en savoir la cause, et l'on y trouva les trois domestiques : ces dignes personnages, aussi vaillans que leurs maîtres, après avoir mis les lumières sur la table, au lieu de sortir de l'appartement, comme on le supposait, s'étaient tenus cachés en cet endroit.

— Comment, drôles! s'écria Bletson d'un ton courroucé, est-ce ainsi que vous connaissez votre devoir?

— Pardon, Votre Honneur, répondit l'un d'eux, mais nous avions laissé les chandeliers sur la table, et véritablement nous n'osions pas descendre sans lumière.

— Sans lumière, poltrons! répliqua le philosophe; et qu'avez-vous besoin de lumière? Est-ce pour montrer lequel de vous devient plus pâle en entendant un rat trotter? — Prenez un chandelier, et partez, lâches que vous êtes! Les diables que vous craignez tant doivent être de pauvres éperviers s'ils jouent le rôle de faucons contre de misérables chauve-souris comme vous!

Les domestiques, sans répliquer, prirent les chandeliers sur la table, et se préparèrent à se retirer, Tomkins le Fidèle marchant à leur tête; mais quand ils arrivèrent à la porte, qu'ils avaient laissée entr'ouverte, elle se ferma avec violence. Les trois serviteurs épouvantés accoururent de nouveau au milieu de l'appartement, et tous ceux qui s'y trouvaient furent sur pied au même instant.

Le colonel Everard était incapable d'éprouver un instant de crainte; cependant il resta à sa place pour voir ce que feraient ses compagnons, et tâcher de pénétrer, s'il était possible, la cause de l'alarme que leur occasionait évidemment un incident si insignifiant. Le philosophe parut croire qu'il y allait de son honneur de montrer une fermeté mâle en cette occasion.

Il s'avança vers la porte en murmurant contre la lâcheté des domestiques; mais son pas de limaçon prouvait qu'il n'aurait été nullement fâché de se voir devancer par quelqu'un que ses reproches auraient stimulé.

— Lâches coquins! dit-il enfin en portant la main sur le bouton de la porte, mais sans le tourner; n'osez-vous ouvrir une porte? N'osez-vous descendre un escalier sans lumière? — Éclairez-moi donc, misérables poltrons! — De par le ciel! j'entends soupirer derrière la porte!

A ces mots, il lâcha le bouton, et recula de quelques pas dans l'appartement, aussi pâle que le linge qu'il portait.

— *Deus adjutor meus!* dit le ministre presbytérien en

s'avançant à son tour. — Faites-moi place, monsieur, ajouta-t-il en s'adressant à Bletson; il semblerait que je ne sais pas mieux que vous ce qu'il convient de faire en pareille circonstance. Je remercie le ciel de m'avoir armé pour le combat.

Quoique croyant à l'existence d'un danger, le digne homme, intrépide comme un grenadier prêt à monter sur la brèche, et plein de confiance dans la bonté de sa cause, passa devant le philosophe Bletson, et, tenant une lumière d'une main, il ouvrit tranquillement la porte de l'autre, et dit en se plaçant un instant sur le seuil : — Il n'y a rien ici.

— Et qui s'attendait à y voir quelque chose, dit Bletson, à l'exception de ces imbéciles peureux, qui tremblent d'effroi à chaque bouffée de vent qui siffle dans les corridors de cette vieille maison?

— L'avez-vous vu, M. Tomkins? dit un des domestiques à demi-voix au secrétaire de Desborough; avez-vous vu avec quelle hardiesse le ministre s'est avancé avant tous les autres? Ah! M. Tomkins, notre ministre est le véritable officier commandant de l'Église; vous autres prédicateurs laïques, vous n'êtes que des volontaires armés de bâtons!

— Me suive, ou marche devant moi qui voudra, dit Holdenough; je visiterai tous les lieux habitables de cette maison avant de la quitter; et je m'assurerai par moi-même si Satan a réellement établi sa demeure dans cette ancienne Babylone d'iniquités; ou si, comme le méchant dont parle le saint David, nous craignons, et nous fuyons, quand personne ne nous poursuit.

Harrison, qui avait entendu ces paroles, se leva

enfin, et, tirant son épée, s'écria : — Quand il y aurait dans cette maison autant de démons que j'ai de cheveux sur la tête, je les chargerai jusque dans leurs retranchemens.

A ces mots, il fit brandir son épée, et se mit en tête de la colonne, à côté du ministre. Le maire de Woodstock les suivit, se croyant peut-être plus en sûreté, à la suite de son pasteur; et toute la troupe se mit en marche, en rangs serrés, accompagnée par les domestiques qui portaient des lumières, pour chercher dans toute la Loge quelque cause de la terreur panique qui semblait les avoir saisis si soudainement.

— Prenez-moi avec vous, mes amis, dit le colonel Everard, qui les regardait avec surprise; et il se préparait à les suivre, quand Bletson le tira par l'habit, et le pria de rester.

— Vous voyez, mon bon colonel, lui dit il en affectant une tranquillité que démentait sa voix tremblante, qu'il ne reste ici, pour toute garnison, que vous, moi, et l'honnête Desborough, tandis que tous les autres sont allés faire une sortie. On ne doit pas hasarder toutes ses troupes dans une sortie ; cela serait contraire aux principes de l'art militaire. — Ha ! ha ! ha !

— Mais, au nom du ciel, que signifie tout ceci ? demanda Everard. En venant ici, j'ai entendu un sot conte d'apparitions, et maintenant je vous trouve tous à demi fous de crainte, et je ne puis obtenir d'aucun de vous un seul mot de bon sens ! — Fi ! colonel Desborough ! — Fi ! maître Bletson ! — Tâchez de vous calmer, et, au nom du ciel, dites-moi quelle est la cause de tout ce fracas. On serait tenté de croire que vous avez tous la tête tournée.

— Et la mienne pourrait bien l'être, dit Desborough ; oui, tournée et retournée, puisque la nuit dernière mon lit a été renversé sens dessus dessous, et je suis resté pendant dix minutes la tête en bas et les pieds en haut.

— Que signifie cette folie, Bletson? Desborough a-t-il eu une attaque de cauchemar?

— Non sur ma foi! colonel, répondit le philosophe ; les esprits, ou n'importe qui, ont été très-favorables à l'honnête Desborough, car ils ont fait reposer la totalité de sa personne sur la partie de son corps qui..... chut! — n'avez-vous pas entendu quelque chose? — qui est chez lui le point central de gravité, c'est-à-dire, sa tête.

— Avez-vous vu quelque chose qui dût nous alarmer?

— Rien ; mais nous avons entendu un tapage infernal, de même que tous nos gens ; et moi, qui ne crois guère aux esprits et aux apparitions, j'en conclus que les Cavaliers voulaient nous surprendre, de sorte que, me rappelant ce qui est arrivé à Rainsborough (1), je sautai par une fenêtre, et je courus à Woodstock pour faire marcher les soldats au secours d'Harrison et de Desborough.

— Mais n'avez-vous pas d'abord cherché à reconnaître en quoi consistait le danger?

---

(1) L'auteur de *Brambletye-House* nous fournit la note suivante sur Rainsborough. — Thomas Rainsborough (colonel du parti de Cromwell) fut tué dans une auberge de Doncaster par un parti de Cavaliers venus de Pontefract sous prétexte de lui remettre une lettre du lord Protecteur. —

Bletson au besoin aurait pu citer plusieurs exemples de cette réaction sanglante. — Éd.

— Vous oubliez, mon cher ami, que j'ai rendu ma commission quand le fanatisme s'est introduit dans les rangs de l'armée. Il n'aurait pas été d'accord avec mes devoirs parlementaires de rester au milieu d'une foule de braillards qui ne reconnaissaient aucune discipline militaire. — Non, puisque ce que je dois au parlement m'a fait une loi de remettre mon épée dans le fourreau, j'ai trop de respect pour son autorité pour l'en tirer désormais.

— Mais le parlement, s'écria Desborough, ne vous avait pas ordonné de vous servir de vos talons quand vos mains pouvaient empêcher un homme d'étouffer. Mille diables! vous pouviez vous arrêter quand vous avez vu mon lit sens dessus dessous, et moi-même à demi étouffé sous les matelas : vous pouviez, dis-je, prêter la main pour me tirer de ce mauvais pas au lieu de sauter par ma fenêtre comme un mouton fraîchement tondu, sans plus de temps qu'il ne vous en fallut pour traverser ma chambre.

— Mais, digne maître Desborough, dit Bletson en adressant un clin d'œil à Everard pour l'avertir qu'il voulait s'amuser aux dépens de son stupide collègue, comment pouvais-je savoir votre manière particulière de vous coucher? les goûts sont différens. J'ai connu des gens qui ne pouvaient dormir que sur un lit dont la pente formait un angle de quarante-cinq degrés.

— Cela est possible, dit Desborough, mais a-t-on jamais vu un homme dormir la tête en bas et les pieds en haut, à moins que ce ne fût par miracle?

— Quant aux miracles, dit le philosophe, à qui la présence d'Everard rendait de la confiance, et à qui l'occasion de lancer des sarcasmes contre la religion faisait oublier un moment sa peur, — quant aux miracles, qu'il n'en soit plus question; car les preuves qu'on rapporte à ce sujet sont aussi propres à opérer la conviction qu'un cheveu à enlever une baleine.

Un grand coup de tonnerre, ou un bruit aussi formidable et qui y ressemblait, retentit dans toute la Loge à l'instant où ces mots venaient d'être prononcés par le philosophe, qui pâlit sur-le-champ et resta immobile, tandis que Desborough se jetait à genoux, et mêlait ses exclamations à ses prières.

— Il faut qu'il y ait ici quelques machinations, s'écria Everard; et, saisissant une lumière, il se précipita hors de l'appartement, sans s'inquiéter des supplications de Bletson, qui, dans son extrême détresse, le conjurait par l'*animus mundi* de ne pas priver de sa présence et de son secours un philosophe tourmenté par des sorcières, un membre du parlement attaqué par des scélérats. Quant à Desborough, il ne fit qu'ouvrir la bouche comme un Clown dans une pantomime (1), et ne sachant trop s'il devait suivre le colonel ou rester, son indolence naturelle l'emporta, et il retomba sur sa chaise.

En arrivant sur le palier de l'escalier, Everard s'arrêta un instant pour réfléchir sur ce qu'il avait de mieux à faire. Il entendit au rez-de-chaussée les voix de plusieurs personnes qui parlaient très-haut, comme pour étourdir leurs craintes. Sachant parfaitement que des recherches faites avec tant de bruit ne pouvaient produire aucun résultat, il résolut de faire les siennes dans une autre partie de la maison, et il monta au second étage.

(1) Un paysan ou un valet bouffon. — Éd.

Il n'y avait pas un coin de la Loge, habité ou inhabité, qu'il ne connût depuis son enfance, et la lumière qu'il portait l'aida à traverser deux ou trois corridors qu'il craignait de ne pas se rappeler suffisamment. Il se trouva alors dans une sorte d'œil de bœuf, ou de vestibule octogone, sur lequel donnaient différentes portes. Celle qu'il choisit le conduisait à une galerie longue, étroite, en mauvais état, construite dans le temps de Henry VIII, s'étendant dans toute la partie sud-ouest du bâtiment, et communiquant, en divers endroits, avec le reste de la maison par des passages latéraux. Il s'imagina que cet endroit pouvait être le poste choisi par ceux qui voulaient jouer le rôle d'esprits, d'autant plus que la longueur et la forme de cette galerie le firent penser qu'il était possible d'y produire un grand bruit qui retentît dans toute la Loge comme celui du tonnerre.

Déterminé à vérifier si ses soupçons étaient fondés, il plaça sa lumière sur une table dans le vestibule, et chercha à ouvrir la porte qui donnait entrée dans la galerie. Là il éprouva une forte résistance, provenant, soit d'un verrou, soit des efforts que faisait quelqu'un placé de l'autre côté pour l'empêcher d'entrer. Il fut même porté à croire que cette dernière supposition était la plus juste, car cette résistance semblait, par instans, plus ou moins forte, et, par conséquent, paraissait opposée par un corps humain plutôt que par un obstacle permanent et inanimé.

Quoique Everard fût jeune, vigoureux et actif, il épuisa en vain toutes ses forces en essayant d'ouvrir cette porte. S'étant reposé quelques instans pour reprendre haleine, il se préparait à employer les pieds et les épaules pour l'enfoncer, et à appeler, s'il était nécessaire, quelqu'un pour l'aider, quand, à sa grande surprise, ayant fait une nouvelle tentative, mais avec plus de douceur et de précaution, pour tâcher de reconnaître de quel côté était situé l'obstacle qu'il rencontrait, la porte, cédant à un léger effort, s'ouvrit sur-le-champ en renversant ou brisant quelque chose qui semblait servir à la tenir fermée de l'autre côté. Le vent occasioné par l'ouverture soudaine de cette porte éteignit la lumière, et Everard se trouva dans l'obscurité, si ce n'est que les rayons de la lune, pénétrant imparfaitement à travers quelques fenêtres hautes et étroites percées dans les murs de la galerie, y répandaient tout juste ce qu'il fallait de clarté pour empêcher les ténèbres d'y régner complètement.

Cette lumière douteuse et mélancolique était d'autant plus faible que le lierre et d'autres plantes grimpantes et parasites dont rien n'avait gêné la croissance depuis que cette partie de bâtiment était inhabitée, tapissaient à l'extérieur toute la muraille, bouchaient entièrement quelques-unes des croisées, et arrêtaient le passage du jour par les branches qu'elles étendaient sur les autres en divers sens. Il n'y avait de fenêtres que d'un côté de la galerie; l'autre avait été autrefois orné de tableaux et de portraits, dont la plupart avaient été enlevés long-temps auparavant. Cependant on y voyait encore suspendus le long du mur quelques cadres sans toile, et d'autres qui n'en contenaient plus que des lambeaux. Cette longue galerie offrait donc un tel aspect de désolation, et présentait un local si favorable aux mauvais desseins de ses ennemis, en supposant qu'elle en cachât quelqu'un, qu'Everard ne put s'empêcher de s'arrêter avant d'y entrer. Se recommandant alors à Dieu, il tira son épée, et s'avança sans bruit, en ayant soin de se tenir du côté où l'obscurité était le plus profonde.

Markham Everard n'était nullement superstitieux, mais il n'était pas tout-à-fait exempt de la crédulité de son siècle: il n'ajoutait pas foi aisément aux histoires d'apparitions surnaturelles; mais il ne put s'empêcher de penser que, si le ciel permettait qu'elles eussent lieu quelquefois, c'était dans la situation où il se trouvait qu'on devait s'y attendre. Son pas lent et mal assuré, son épée à la main, ses bras étendus en avant, son attitude de doute et de soupçon, tendaient à augmenter dans son esprit les idées sombres qu'annoncent ordinairement ces symptômes.

Livré à ces pensées peu agréables, et convaincu qu'il n'était pas bien loin de quelques êtres dont les dispositions ne lui étaient pas favorables, le colonel Everard était arrivé à peu près à la moitié de la longueur de la galerie quand il entendit soupirer à peu de distance de lui, et une voix douce prononcer son nom très-bas.

— Me voici! répondit-il tandis que le cœur lui battait vivement. Qui appelle Markham Everard?

Un autre soupir fut la seule réponse qu'il reçut. — Parlez! reprit le colonel. Qui êtes-vous? Dans quelles intentions rôdez-vous dans ces appartemens?

— Dans des intentions meilleures que les vôtres, répondit la même voix.

— Que les miennes? s'écria Everard avec surprise. Qui êtes-vous pour oser juger de mes intentions?

— Et qui êtes-vous, qui êtes-vous vous-même, Markham Everard, pour parcourir pendant les ténèbres un palais des rois maintenant désert, et où il ne devrait se trouver que ceux qui déplorent leur chute, et qui ont juré de les venger?

— C'est elle! s'écria Everard; — et cependant cela est impossible. — C'est pourtant elle; — ce ne peut être qu'elle! — Alice Lee, si ce n'est pas vous, c'est le diable qui me parle! — Répondez-moi, je vous en conjure. — Parlez-moi franchement. — Quel dangereux projet avez-vous formé? Où est votre père? Que faites-vous ici? Pourquoi vous exposer à de si grands risques? — Parlez, Alice; je vous en supplie.

— Celle dont vous me parlez est à plusieurs milles d'ici. — Mais si c'était son génie qui vous parlât en son absence? — si c'était l'ame d'une de ses aïeules ou des vôtres? — Si.....

— Fort bien, dit Everard en l'interrompant; mais si la plus chérie de toutes les femmes a pris une étincelle de l'enthousiasme de son père? — si elle expose sa personne aux dangers, sa réputation à la calomnie, en parcourant, déguisée et pendant la nuit, une maison remplie d'hommes armés — parlez-moi en votre propre nom, chère Alice. J'ai obtenu les pouvoirs nécessaires pour vous garantir des suites de ce projet étrange. — Parlez! je vois où vous êtes; et malgré tout mon respect pour vous, je ne puis consentir à être le jouet d'une pareille ruse. — Fiez-vous à moi. — Confiez votre main à votre cousin Markham, et croyez qu'il mourra, ou qu'il vous placera honorablement et en sûreté.

Et ses yeux cherchaient à découvrir où était celle qui venait de lui parler, et il lui sembla apercevoir, à environ six pas de lui, une forme, une espèce d'ombre, dont il ne pouvait même distinguer les contours dans une double obscurité causée par le mur qui séparait deux croisées. Il chercha à calculer la distance, dans l'idée que s'il pouvait, même en employant un léger degré de violence, détacher sa chère Alice de la confédération dans laquelle il supposait que le zèle de son père pour la cause royale l'avait entraînée, il leur rendrait à tous deux le service le plus signalé; car, quelque succès qu'eût obtenu le plan qu'il présumait avoir été conçu contre le timide Bletson, le stupide Desborough et le fou Harrison, il ne pouvait douter que ces artifices ne se terminassent enfin par couvrir de honte ceux qui les avaient imaginés, et par les mettre dans le plus grand danger.

Il faut aussi se rappeler que l'affection d'Everard pour sa cousine, quoique aussi respectueuse que vive, avait moins de cette vénération profonde, mais timide, qu'un amant de ce siècle éprouvait pour la dame de ses pensées, que de cette tendresse familière qu'a un frère pour une jeune sœur, à qui il croit pouvoir servir de guide, donner des avis, et même faire quelques remontrances. Leur liaison avait été trop intime pour que, lorsqu'il s'agissait de l'arracher au péril qu'il prévoyait pour elle, il hésitât devant la crainte de l'offenser. — Hésiterais-je, se disait-il, s'il fallait la sauver d'un torrent ou d'un incendie, au risque de lui occasioner quelque légère souffrance en la saisissant un peu rudement? Toutes ces idées se succédèrent rapidement dans son esprit, et il résolut, quoi qu'il pût en résulter, de s'emparer d'elle à l'instant même, et de la forcer, s'il était possible, à une explication.

Dans ce dessein, il conjura de nouveau sa cousine, au nom du ciel, de renoncer à une entreprise inutile et dangereuse; et il écouta sa réponse avec grande attention, pour que son oreille pût juger à quelle distance elle était de lui.

— Je ne suis pas celle pour qui vous me prenez, répondit la même voix; et un intérêt plus cher que tout ce qui pourrait concerner sa vie ou sa mort m'ordonne de vous avertir de vous retirer, et de quitter cet endroit.

— Ce ne sera qu'après vous avoir convaincue de votre folie puérile, s'écria le colonel en s'élançant du côté d'où partait la voix pour tâcher de saisir celle qui venait de lui parler; mais ce ne fut pas une femme qu'il rencontra. Le bras étendu qui arrêta tout à coup sa course précipitée était doué d'une force toute masculine, et le choc que reçut Everard fut si violent qu'il tomba à la renverse. Au même instant il sentit appuyer sur son cou la pointe d'une épée, tandis qu'on lui tenait les mains si fortement qu'il ne lui restait pas la moindre possibilité de se défendre.

— Un seul cri pour appeler du secours, dit une autre voix près de lui, mais qui n'était plus la même qu'il avait déjà entendue, — sera étouffé dans votre sang. — On ne vous veut point de mal. — Soyez prudent, et gardez le silence.

La crainte de la mort, de cette mort qu'il avait si souvent bravée sur le champ de bataille, devint plus vive et plus horrible quand il se vit sur le point de la recevoir des mains d'assassins inconnus, et sans qu'il lui restât aucun moyen de défense. Il sentait la pointe d'une épée près de sa gorge, et un pied sur sa poitrine : il ne fallait qu'un seul mouvement pour terminer le cours d'une vie à laquelle un inexplicable instinct attache l'être le plus malheureux. Son front était couvert de grosses gouttes d'une sueur froide; son cœur palpitait comme s'il eût voulu s'échapper de son sein ; en un mot, il éprouvait cette angoisse dont est agité l'homme courageux quand il est réduit à subir la sensation involontaire de la crainte, et qui est aussi insupportable que la douleur subite que cause une maladie aiguë quand elle attaque un homme vigoureux.

— Cousine Alice, s'écria-t-il, ayant toujours la pointe de l'épée sur la gorge, ma chère cousine! me laisserez-vous assassiner ainsi en votre présence?

— Je vous dis que celle à qui vous parlez n'est pas ici, dit la seconde voix; — mais votre vie est en sûreté pourvu que vous fassiez serment comme chrétien, et que vous donniez votre parole d'honneur comme gentilhomme, de ne parler de ce qui vient d'arriver ici ni à ceux qui sont en bas, ni à qui que ce soit. A cette condition vous pouvez vous retirer; et si vous désirez voir Alice Lee, vous la trouverez dans la chaumière de Jocelin, dans la forêt.

— Puisque je suis dépourvu de tout moyen de défense, répondit Everard, je promets, au nom de Dieu et de l'honneur, de ne parler à qui que ce soit de cet acte de violence, et de ne faire aucune recherche pour découvrir ceux qui en sont les auteurs.

— A cet égard nous sommes sans inquiétude. Vous voyez vous-même ce que peut coûter la curiosité, et que nous sommes en état de la braver. — Levez-vous, et retirez-vous.

La pointe de l'épée s'éloigna du cou d'Everard; le pied cessa de lui presser la poitrine, et il allait se relever à la hâte quand la première voix, celle dont la douceur l'avait ému, lui dit: — Point de précipitation. —

L'acier menaçant vous environne encore de tous côtés.
— Doucement, — doucement : maintenant vous êtes libre ; — soyez discret, et ne craignez rien.

Le son de cette voix semblait s'éloigner à mesure qu'elle parlait. Dès qu'elle eut cessé de se faire entendre, Markham se leva, et, en se levant, ses pieds heurtèrent contre sa propre épée, qu'il avait laissé échapper en tombant. Il la ramassa promptement, et recouvra avec elle tout son courage, qui avait cédé un instant à la crainte d'être lâchement assassiné.

Il commença alors à réfléchir avec son sang-froid ordinaire à ce qu'il devait faire. Vivement courroucé de l'humiliation qu'il avait subie, il mit en doute un instant s'il devait garder une promesse extorquée par la violence ou appeler du secours, chercher à découvrir ceux qui avaient commis cet acte de violence contre sa personne, et s'en emparer s'il était possible. Mais ces individus, quels qu'ils fussent, avaient eu sa vie en leur pouvoir ; il avait donné sa parole pour la racheter, et, ce qui était encore plus, il ne pouvait écarter l'idée que sa chère Alice était du moins confidente, si elle ne jouait le principal rôle dans la confédération dont il venait d'être le jouet : cette supposition décida sa conduite. Quoique irrité de songer qu'elle eût pu être complice du mauvais traitement qu'il avait essuyé, il ne pouvait se résoudre à ordonner une recherche soudaine dans toute la maison, au risque de compromettre sa sûreté ou celle de son père.

— Mais j'irai à la cabane de Joliffe, se dit-il à lui-même ; — je m'y rendrai sur-le-champ ; je saurai quelle part elle a prise dans ce complot ridicule et dangereux, et je lui en épargnerai les suites s'il est possible.

Dès qu'il eut formé cette résolution, le colone Everard retourna sur ses pas à tâtons, et, en entrant dans le vestibule, il reconnut la voix de Wildrake, qui l'appelait à grands cris.

— Hohé ! — holà ! — Colonel Everard ! Markham Everard ! Il fait aussi noir ici que dans la bouche du diable. — Colonel ! — parlez ! — où êtes-vous ? Je crois que toutes les sorcières du monde font ici leur sabbat infernal. — Everard, où êtes-vous ?

— Ici, — de ce côté ! répondit le colonel. Cessez de crier ainsi ; — tournez à gauche, et vous me trouverez.

Guidé par sa voix, Wildrake parut bientôt, une lumière dans une main, et son épée nue dans l'autre.

— Où avez-vous donc été ? lui demanda-t-il ; pourquoi avez-vous été absent si long-temps ? — Ce poltron de Bletson, et cette brute de Desborough sont à demi-morts de peur, et Harrison est furieux de ce que le diable ne veut pas être assez civil pour lui livrer bataille.

— N'avez-vous rien vu, rien entendu, en venant ici ?

— Rien ; si ce n'est qu'en entrant dans ce maudit labyrinthe, ma lumière m'est tombée tout à coup des mains, comme si on y avait donné un grand coup avec une baguette ; ce qui m'a obligé à en aller chercher une autre.

— Il me faut un cheval à l'instant, Wildrake, et tâche aussi d'en avoir un pour toi.

— Il n'en manque pas dans les écuries ; nous pouvons aisément en trouver deux. — Mais pourquoi courir ainsi, comme des rats, à une pareille heure ? La maison va-t-elle s'écrouler ?

— Je ne puis répondre à cette question, dit Everard en entrant dans une chambre qui était encore meublée en partie.

Là le Cavalier, jetant un coup d'œil sur son compagnon, s'écria d'un ton de surprise : — Avec qui donc vous êtes-vous battu, Markham ? Qui vous a arrangé de cette jolie manière ?

— Battu ! répéta Everard.

— Oui, battu. — Je le dis encore, battu. — Regardez-vous dans ce miroir.

Everard y jeta un coup d'œil, et vit qu'il était couvert de sang et de poussière. Le sang avait coulé d'une égratignure qu'il avait reçue au cou, dans le premier moment où il cherchait à résister. Avec un air d'alarme qui n'avait rien d'affecté, Wildrake entr'ouvrit le collet de la chemise de son ami, et examina la blessure à la hâte. D'abord ses mains tremblaient, et ses yeux exprimaient une véritable inquiétude pour la vie de son bienfaiteur ; mais, lorsqu'en dépit de le résistance d'Everard il eut reconnu que la peau avait à peine été effleurée, il reprit son caractère de légèreté d'autant plus promptement qu'il était peut-être honteux de s'en être écarté pour montrer plus de sensibilité qu'on ne lui en supposait généralement.

— Si c'est l'ouvrage du diable, Markham, dit-il, ses griffes ne sont pas, à beaucoup près, aussi formidables qu'on le prétend. Mais personne ne dira que votre sang a coulé sans vengeance tandis que Roger Wildrake était à votre côté. — Où avez-vous laissé cet enfant du diable, si ce n'est pas lui-même ? Je vais courir, rapière en main, sur le champ de bataille, et quand ses griffes seraient des clous de six pouces de longueur, quand ses dents seraient aussi longues que celles d'une herse, il me rendra compte du sang que vous avez perdu.

— Folie! démence! s'écria Everard; je me suis fait cette égratignure en tombant. — Un peu d'eau et une serviette en effaceront la trace. — En attendant faisnous préparer deux chevaux. — Demande-les pour le service public, au nom de Son Excellence le général, s'il le faut. — Je vais laver cette prétendue blessure, et je te rejoins dans un instant devant la porte de la Loge.

— Fort bien, Everard; je te servirai comme un muet sert le grand-seigneur, sans demander ni pourquoi ni comment. — Mais partiras-tu sans revoir ces braves gens là-bas?

— Sans voir personne. — Va, et, pour l'amour du ciel, ne perds pas de temps.

Wildrake alla trouver le sous-officier, et lui demanda des chevaux d'un ton d'autorité. Le caporal obéit sur-le-champ sans opposition, en homme qui connaissait le rang et le crédit du colonel Everard; et en deux minutes tout fut prêt pour le départ.

FIN DU TOME PREMIER.

ŒUVRES COMPLÈTES
DE
SIR WALTER SCOTT.

Cette édition sera précédée d'une notice historique et littéraire sur l'auteur et ses écrits. Elle formera soixante-douze volumes in-dix-huit, imprimés en caractères neufs de la fonderie de Firmin Didot, sur papier jésus vélin superfin satiné; ornés de 72 *gravures en taille-douce* d'après les dessins d'Alex. Desenne; de 72 *vues* ou *vignettes* d'après les dessins de Finden, Heath, Westall, Alfred et Tony Johannot, etc., exécutées par les meilleurs artistes français et anglais; de 30 *cartes géographiques* destinées spécialement à chaque ouvrage; d'une *carte générale de l'Écosse*, et d'un *fac-simile* d'une lettre de Sir Walter Scott, adressée à M. Defauconpret, traducteur de ses œuvres.

CONDITIONS DE LA SOUSCRIPTION.

Les 72 volumes in-18 paraîtront par livraisons de 3 volumes de mois en mois; chaque volume sera orné d'une *gravure en taille-douce* et d'un titre gravé, avec une *vue* ou *vignette*, et chaque livraison sera accompagnée d'une ou deux *cartes géographiques*.

Les *planches* seront réunies en un cahier séparé formant *atlas*.

Le prix de la livraison, pour les souscripteurs, est de 12 fr. et de 25 fr. avec les gravures avant la lettre.

Depuis la publication de la 3e livraison, les prix sont portés à 15 fr. et à 30 fr.

ON NE PAIE RIEN D'AVANCE.

Pour être souscripteur il suffit de se faire inscrire à Paris

Chez les Éditeurs:

A. SAUTELET ET C°,	CHARLES GOSSELIN, LIBRAIRE
LIBRAIRES,	DE S. A. R. M. LE DUC DE BORDEAUX,
Place de la Bourse.	Rue St.-Germain-des-Prés, n. 9.

www.ingramcontent.com/pod-product-compliance
Lightning Source LLC
Chambersburg PA
CBHW050334170426
43200CB00009BA/1587